图书在版编目(CIP)数据

哥斯达黎加简史 / 于漫，周谷馨编著. -- 天津 : 天津人民出版社, 2020.6
(拉美国别史丛书 / 张鹏主编)
ISBN 978-7-201-15592-0

Ⅰ. ①哥… Ⅱ. ①于… ②周… Ⅲ. ①哥斯达黎加-历史 Ⅳ. ①K746

中国版本图书馆 CIP 数据核字(2019)第 282603 号

哥斯达黎加简史
GESIDALIJIA JIANSHI

出　　版　天津人民出版社
出 版 人　刘　庆
地　　址　天津市和平区西康路 35 号康岳大厦
邮政编码　300051
邮购电话　(022)23332469
网　　址　http://www.tjrmcbs.com
电子信箱　reader@tjrmcbs.com

责任编辑　孙　瑛
特约编辑　张校博
装帧设计　明轩文化 TEL:23674746 ·邵亚萍

印　　刷　高教社(天津)印务有限公司
经　　销　新华书店
开　　本　880 毫米×1230 毫米　1/32
印　　张　9
字　　数　180 千字
版次印次　2020 年 6 月第 1 版　2020 年 6 月第 1 次印刷
定　　价　56.00 元

序

第一部以中文书写的《哥斯达黎加简史》已经成书，即将出版，邀请我为此书作序。这是我第一次为书作序，心中不免忐忑。同时，我又感到似有使命在身，不可推脱。2007年6月1日，中国与哥斯达黎加正式建立外交关系，我被任命为中华人民共和国首任驻哥大使，由此，我和这个中美洲的美丽小国结下了不解之缘。我是在中哥宣布建交两周后抵达哥首都圣何塞的。抵达伊始，我就深深爱上了这个国家。这里迷人的风光、宜人的气候、丰富的物产和热情的人民无一不给我留下难忘的印象。我暗下决心，一定要把这个美好的国家推介给中国，一定要在两国人民之间建立起坚实的友谊纽带。

哥斯达黎加的国名意为“富饶的海岸”。西班牙人当年初到此地，得到土著不少的黄金馈赠，以为这里富得流油，所以如此命名。随着时间的流逝，西班牙人的黄金梦早已破灭,“富饶的海岸”被赋予了新的内涵。人们称哥斯达黎加为火山之国,国徽上的三座火山即是其标志。这三座火山位于哥中部，历史上多次喷发，其中的两座至今仍终日烟雾缭绕。厚厚的火山灰,加上太平洋和大西洋从东西两岸吹来的暖湿气流,造就了哥斯达黎加的万顷良田。这里的菠萝和香蕉尤为有名,出口量分别占世界第一位和第二位。最值得称道的是菠萝,充足的日照、充沛的雨量、肥沃的土地培育出了世上独一无二的菠萝。我曾应邀去一个菠萝园参观,主人当场砍下菠萝请我品尝。其味道之甘甜,口感之脆爽,令我至今回味无穷。

哥斯达黎加既有高原盆地、峰峦叠嶂,也有热带雨林、棕榈沙滩,地貌多样,气候多样,形成了生物多样。哥斯达黎加人对自己优越的生态环境极为自豪,常骄傲地宣称,他们国家的领土不足全球陆地总面积的万分之三，却汇集了世界物种的百分之五。据我观察,这里的生态确实好,圣何塞市边缘即可见潺潺溪水,翩翩白鹭,甚至蟒蛇和鬣蜥偶尔也会进入人们家中做客。郊外的大树上,长长的白絮状树挂垂在枝头,晚上则四处虫叫蛙鸣,萤火虫上下飞舞,这都是良好生态的标志。

哥斯达黎加是一个和平的国家,有中美洲瑞士的美誉。因为没有丰富的贵金属矿藏，所以当年被西班牙殖民者所忽略，这里一度像是一块被遗忘的土地，缓慢而平静地成长发展。哥斯达黎加没有经历过残酷的兵燹，两次世界大战也未曾殃及这里。1948 年，哥通过了解散军队法，1983 年宣布成为永久中立国，是世界上第一个不设常备军队的永久中立国。其所在的中美洲地区战乱频仍，哥巧妙应对，不但能在战乱中独善其身，还积极奔走斡旋，促成各方达成协议。为此，阿里亚斯总统荣获 1987 年度诺贝尔和平奖。

哥斯达黎加人天性豪放，性格纯朴，热爱生活。他们最常说的一句话是：Pura vida，西语是“好日子”“很爽”的意思，表达了他们对生活的满足。一项民意调查显示，哥斯达黎加人是世界上最有幸福感的人民。也许是小国寡民的缘故，这里的人处事平和，对外国人没有歧视。中国人自 19 世纪末开始移民哥斯达黎加，和当地居民友好相处，世代繁衍生息，目前，有些人事业有成，享有较高的社会地位。

我觉得，像哥斯达黎加这样的国家、这样的人民，与中国人民有着共同的追求，我们两国没有理由不成为好朋友、好伙伴。

相互了解是友谊的基础。我认为，《哥斯达黎加简史》一书的编著者做了一件有益的工作，为中国大众了解哥斯达黎加打开了一扇窗口。我浏览了一下全书，惊讶地发现，这本书的内容覆盖了这个国家的整个历史，上溯远古 15000

年前，下至即将结束的2019年，仿佛在向我们讲述昨天的事情，使人有一种按在历史脉搏上的感觉。当我读到2007年6月1日，中国与哥斯达黎加建交一段，作为那时的中国大使，眼前重现当年情景，我更有一种历史参与感。

我向广大读者推介此书，也希望大家读后能对这个国家感兴趣，能为增进中哥两国之间的友好关系添上一分力量。

汪晓源

2019年11月于北京

（本文作者为中国驻哥斯达黎加首任大使）

第一章　哥斯达黎加古代史

（距今约 15000 年前—公元 1500 年）/ 001

第一节　哥斯达黎加前哥伦布时期的历史发展进程 / 003

第二节　哥斯达黎加前哥伦布时期的社会进化状况 / 008

第三节　哥斯达黎加前哥伦布比亚时期的主要部族及其特点 / 013

第四节　“中美洲地域”和“中间地域”的社会与法律 / 021

第二章　哥斯达黎加的发现和征服时期（1502—1575） / 037

第一节　16 世纪哥斯达黎加的本土社会 / 039

第二节　哥伦布发现哥斯达黎加和西班牙人征服的第一阶段(1502—1560) / 043

第三节　西班牙人征服哥斯达黎加的第二阶段(1560—1573) / 052

第四节　16 世纪 70 年代西班牙人对哥斯达黎加的征服(1570—1575) / 060

第三章　从殖民社会(1575—1821)到哥斯达黎加独立国家形成(1821—1849) / 065

第一节　西班牙殖民时期的哥斯达黎加社会(1575—1821) / 067

第二节　哥斯达黎加独立(1821) / 075

第三节　哥斯达黎加国家的逐步形成(1821—1849) / 082

第四节　哥斯达黎加共和国成立(1848) / 109

第四章　哥斯达黎加独立后到 20 世纪“寡头—自由—改革”年代(1849—1949) / 115

第一节　寡头国家时期(1849—1870) / 117

第二节　自由主义时期(1870—1936) / 125

第三节　改革派国家时期(1936—1948) / 143

第四节　1948 年内战和第二共和国建立(1948—1949) / 150

小结 / 169

第五章　哥斯达黎加 20 世纪 50 年代至 21 世纪(1950—2018) / 177

第一节　跨越式发展时期(1950—1970) / 179

第二节　黄金时代的福利国家(1970—1980) / 197

第三节　经济危机与缓慢复苏(1980—1990) / 208

第四节　新自由主义和贸易自由化(1990—2018) / 228

小结 / 249

附录　哥斯达黎加大事年表 / 257

参考文献 / 269

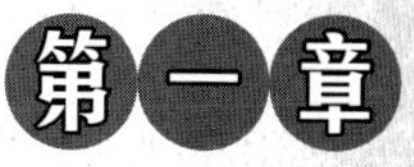

第一章

哥斯达黎加古代史

（距今 15000 年前—公元 1500 年）

第一节 哥斯达黎加前哥伦布时期的历史发展进程

哥斯达黎加共和国位于中美洲狭长地带，北纬10度，西经84度。东临加勒比海，西靠北太平洋，海岸线总长1290千米。国名哥斯达黎加在西班牙语中意为“丰饶的海岸”。

哥斯达黎加的古代史，是指从最早的原住民在这里建立定居点开始，到1502年克里斯托弗·哥伦布抵达哥斯达黎加大西洋沿岸之前的历史阶段。

从地理大发现至今，关于美洲土著居民的来源一直众说纷纭，概括而言，主要包括由北到南及由南到北的人口迁徙等几种不同的史学观点。根据众多学者的历史研究，大约距今15000年前，大陆冰层在聚集的过程中，海平面降低。欧亚大陆东北部的原始人开始向东迁移。他们穿越阿拉斯加，逐步在北美洲、中美洲、南美洲地区以及邻近的岛屿定居下来。

由考古证据可以确定，大约距今15000至10000年前，哥斯达黎加人的祖先就散居在这一中美洲文明和安第斯文明的交汇之处，这些最早的原住民主要从事渔猎和采集，由此逐步进入了哥斯达黎加的原始文明时期。在哥伦布发现美洲新大陆之前，哥斯达黎加是连接中美洲文明和安第斯土著文化的“中间文化区”。

在哥斯达黎加锡基雷斯古代人类聚集区发现的墓葬物品、山洞岩画、房屋地基等考古遗迹，证实了这些早期原住民在12000年前的渔猎和采集活动。他们大多是家族型游牧群体，规模不大，且有血缘关系，靠采集野生植物的果实或捕猎巨型犰狳、树懒、乳齿象等野生动物为生。公元前8000年左右，冰川时代结束，地球温度开始升高，植被种类发生变化，造成一些巨型野生动物的死亡和灭绝。当时靠狩猎和采集为生的游牧原住民，被迫开始适应新的生存环境。幸运的是，中美洲丰富的热带植被为他们的生存提供了有利的条件。

考古人员在哥斯达黎加的图里亚尔瓦谷和瓜纳卡斯特，先后发现了公元前7000年前古代人类的定居点。其中在采石场和石器作坊中，当时使用的双面石器、刮刀、中美洲磨制的石片状狩猎工具“鱼尾”等器具，表明当时的原住民已经进入磨制石器时代。在上述地区，考古人员还发现了迄今为止中美洲最古老的堤坝、道路等遗迹，与原始美洲卡韦卡尔部族属于同一历史时期。

公元前5000年左右，今日哥斯达黎加所在的中美洲地区进入了早期农耕文明时期,当时主要种植果树以及块茎、根茎植物。农业的发展,在一定程度上,可以反映出原始居民对自然生命和植物周期的认知。哥斯达黎加早期农耕的发展非常缓慢,其过程持续了数千年,而且在相当一段时期内与传统渔猎和采集活动共存。在农业逐步发展的过程中,原始人类与大自然之间的关系发生了转变,更多的人可以通过耕作的田地里出产的农产品生存下来。此前不断迁徙的原始部落人类族群,开始在田地周围逐渐定居下来,更多地依赖土地。自此稳定的村落在这一地区出现。

公元前3000到前2000年左右,在今日哥斯达黎加的一些地区,居民开始使用古老的陶器。考古专家在出土的这一时期的陶片、陶罐、陶盘、果壳制成的饮水器具以及一些其他形状的容器上,可以观察到装饰性图案,有雕刻、压纹、手绘、模具等工艺方式。

在公元前300年到公元500年之间的历史时期,这里的原住民群落为了确保更多人的生存,开始集体性生产,在与周边其他部族的交往过程中,或进攻或防御,都需要组织起来共同参与。因此,原本基于亲缘关系的种族部落逐渐解体,向由首领、巫师、手工业者和农民组成的等级性社会过渡。新的社会组织结构,更加便于食物的生产和自给自足。为了从源头上掌控原始生产资料,部族间的属地划分体系逐渐建立起来。

考古发现,这一时期的建筑综合了巨石、土砌、灶头、水井、雕像等诸多元素。在包括哥斯达黎加在内的中美洲很多地区,除了完全依靠自然资源的渔猎活动之外,还出现了农耕和渔猎并行的混合生产体系,玉米成为主要的农作物。翡翠制品和其他绿色宝石开始被装饰在仪典用具、权杖和陶瓷等器物上。在生产和生活的用具中,开始出现包括铜和金在内的金属器具。其中,公元前500年到公元元年间制成的饰有动物和人物图案的三足火山岩雕刻,成为哥斯达黎加中央山谷和加勒比地区独特的文化表现形式,是前哥伦布时期原住民所创造的杰出的艺术作品。

公元300到800年之间,组织结构较为复杂的早期酋长部落开始在哥斯达黎加出现。在考古发现的原始部落遗址中,有大型村庄的地基、道路、墓地等基础设施。这一时期,主部落和次部落在等级上的差别已经十分明显,主要村落的上级酋长和次要聚居地的下级酋长,在级别和权力方面有所不同。与此同时,各类生产劳作也开始出现了早期的专业性分工。

从公元9世纪到15世纪西班牙人来到美洲之前,哥斯达黎加地区古老村落的规模不断扩大,在结构布局上呈现出越来越复杂的特点,区域性差异和时代性元素更加明显,

酋长社会等级分化越来越得到强化。考古专家发掘出这一时期许多结构更为复杂的大型基建工程设施，在墓穴中发现的随葬用品也更加多样化、更加精细。当时,工艺品制作技术进一步发展，尤其是用金银及其他贵重金属的制作工艺更加完善。同时,地区间的相互交流日益频繁,部落间因土地和资源分配引起的冲突逐渐增多。主要社会阶层,既有首领和巫师等高层人物，也有由工匠和农民组成的普通民众。在哥斯达黎加很多地区,尤其是中部和迪基斯文化区,黄金取代玉石成了更高等级和权力的象征。在迪基斯山谷的特雷巴河及谢尔贝河三角洲地区，当地人制造出很多独特的石头球体。这些留存至今的大小不一的石球,成为当地的地域性标志物，似乎还被当时的原住民赋予了不同社会等级的象征意义。此外,考古工作者在这一地区还发现了人物和动物的半身雕像,饰有美洲虎形象的方形石磨,以及其他石器雕塑等文化艺术作品。

毋庸置疑,哥斯达黎加独特的地理位置,使之成为中美洲文明和南美洲西北部文明的交汇融合之处。其中,中美洲文明从墨西哥中部延伸至尼加拉瓜西部地区和尼科亚半岛;南美洲西北部文明包括巴拿马、哥伦比亚、厄瓜多尔和哥斯达黎加等国家和地区。很长一段时间内,不论是中美洲文明还是南美洲文明，均对哥斯达黎加的发展产生了深远的影响。南美洲文明和中美洲文明在哥斯达黎加实现了真正的融合。现今哥斯达黎加瓜纳卡斯特省成为公元900到1000年间中美洲的南部边界。在西班牙人到来之前，哥斯达黎加的原住民是美洲大陆南部和北部之间的文化桥梁。在哥斯达黎加土著民族的彩色黏土陶瓷工艺品和金银等贵重金属制作的器物上，我们既可以见到源于墨西哥和中美洲北部地区的特征，又可以观察到明显的南美洲文化特点，这都为后世留下了宝贵的艺术财富。

第二节 哥斯达黎加前哥伦布时期的社会进化状况

在哥斯达黎加最早的人居村落中，原始居民大都是同一氏族的后代，属于氏族类的部落社会组织。在这一阶段的初期，村落成员之间保持着相互平等的关系，所有财产属于部落集体共同拥有，各个村落的头领是非正式性质的。但是，随着农耕文明的发展，人们逐渐在土地上定居下来，人口的数量开始增长。在这样的背景下，无论是组织农耕生产，集体食物和财产的再次分配，还是解决日常事务和各类争端，都需要有专门的首领担当起责任，村落的领导者由此

产生。酋长、牧师、医生和巫师,开始负责组织部落中的日常事务和宗教活动。在某些部落中，大祭司作为一个特权阶级,可以同时承担医生、占卜师和巫师等多项工作职责。

农耕文明使得人们对土地更加依赖,人口的不断增长,各个部落对进一步扩大土地控制范围的需求不断增加,部落间发生进攻性或防御性冲突几乎是不可避免的。除了外部冲突，部落内部为了避免因土地过分耕作而造成的土壤枯竭,还需要有序地组织部族成员,采取合理的轮作方式,恢复和提高土壤的肥力,改善土壤质量,提高农作物产量。首领必须能够有效掌控部族疆域内所拥有的土地，确保耕地不被侵占,并且能够运作良好。公元前300年到公元300年之间,原本平等的哥斯达黎加氏族亲缘性原始村落,逐渐在土地的获得和生产的组织过程中,转变成为拥有酋长、宗教领袖、巫师、技术工匠和农业生产者的世袭性酋邦。

与早期的人居村落相比，酋邦拥有更明确的疆域观念。各个酋邦都在谋求扩大各自所拥有的领地范围,以获得更多的食物,并将更多的森林、采石场等原材料来源地控制在自己的管辖范围内。通常,酋邦之间也会建立起易货交换的渠道和途径。一些酋长领地范围逐渐扩大,成为区域性的经济、政治和宗教中心。这类酋邦的特点,也体现在各个定居点在等级上出现的差别,酋邦有了主要城镇和次要村落之分。

大约在公元前300年左右，哥斯达黎加一些规模更大的酋邦的首领，能够调动起下属部落的臣民，集中力量，建设大型建筑、立柱、道路、墓地等重要的基础设施。酋邦之间也出现了主次从属的关系，主要酋邦的酋长自然而然地成为上级头领，而下属酋邦的酋长居于附属地位。这个时期，哥斯达黎加主要的考古发现包括，尼科亚半岛的各类住宅地基，塞维罗–莱德斯马和拉斯梅塞德斯民居架构遗址，位于大西洋边、将军谷以及布鲁斯河、科罗拉多河和大特莱瓦河盆地的定居点遗迹等。

在哥斯达黎加瓜纳卡斯特省和奇拉州的考古活动中，考古人员发掘出许多被重达几吨的巨石所覆盖的丧葬墓地，即这一历史时期的遗迹。在中央山谷和太平洋沿岸地区，考古人员同样发现了由巨石、土墩、黏土路基和交错道路组成的住宅区。在哥斯达黎加的南太平洋地区，发现了同一时期著名的石头球体。尽管有人推测，这些石球可能象征着主人的地位等级，或标志着由酋邦所统领的属地，抑或具有与农业耕作周期相关联的天文学功用，但制作这些石球的真实目的至今仍然是个不解之谜。

这一时期，所谓具有社会功能的玉石，如翡翠制品或石英、玉髓、蛋白石、蛇纹石等宝石器物的制造工艺得到极大的发展。这些宝石器物最初只用作个人装饰。因为在大部分

墓葬中都发现了翡翠和玉石制品，通常认为是从这一阶段开始，翡翠和玉石逐渐被用于死后随葬。公元前500年到公元700年左右，当地的翡翠和玉石制品呈现出一些墨西哥湾奥尔梅克文化及玛雅文化元素。而且，这一深厚的玉器传统似乎被赋予了某种宗教性意义。从这个时期墓葬中发现的玉器、翡翠，镶嵌宝石，以及做工精美的陶瓷的数量、品质及加工难度上，可以判断当时器物主人不同的社会等级和权力地位，明显区分出当时群落中的等级高低。

农业的进步，逐渐给原始社会带来诸多方面的变化。在公元300年到800年期间，在哥斯达黎加的酋长领地基本形成了基于不同经济和政治标准的社会等级制度，包括政治首领、宗教领袖、士兵阶层、专业工匠和农民工匠等社会阶层。一方面村落的领导阶层可以对属地内的生产物品进行分配，任命军事首领，同时也需要在危机时期承担起领导的职能。另一方面，领导阶层通常可以获得资源稀缺、工艺复杂，被大家所看重的珍贵物品，可以在领地中拥有比其他土著人更加显赫的住处，死后的丧葬仪式也更加隆重，随葬物品更加精致。

公元9到16世纪，一些领地的面积范围愈发扩大，内部设计更加复杂，哥斯达黎加进入了酋长领地的后期阶段。这一时期，引进、开发了产量更高的玉米品种和其他农作物品种,农业生产方式得到改进,人口数量进一步增长,社会等级层次更加复杂,不同领地之间的从属关系更加明晰。在某些领地,首领或巫师动员大量劳动力投入到基础设施工程建设中。在哥斯达黎加的各个地区,贵重金属加工技艺达到了很高的水平。同时,日常生活物品和奢侈品的种类更加繁复,地区间的交流、土地联盟和领土争端也不断增加。

在此阶段,中美洲文化中使用乔罗台卡语的附属村落开始陆续抵达尼科亚半岛,与半岛上的定居人口相融合,给半岛带来了宗教、艺术、丧葬习俗和家畜家禽饲养等诸多新的文明元素。在哥斯达黎加那加斯克罗和帕帕加尤沿海的峡谷以及特姆皮斯克河等重要河流的冲积平原,发现了大面积这一时期的住宅区遗迹。此外,还发现了专门加工食盐的作坊遗址。对于居住在内陆的群体来说,盐是一种十分珍贵的交换产品。同时,彩色陶瓷工艺达到了很高的水平,在当地传统陶瓷工艺中加入了新的色彩和风格,从中可以清晰地感受到来源于中美洲的艺术灵感。

在哥斯达黎加中部一些经济和政治相对发达的地区,人口更加密集,开始出现分别用于居住和庆典的酋邦中心区域。其中最著名的就是图里亚尔瓦地区的瓜亚博考古遗址。这里建有矩形房屋的地基,高耸的石墙,引水的渡槽,坡型的通道,还有建在高处的舞台,露天的看台,圆形设施的

地基,鹅卵石铺就的道路等建筑结构遗迹。在中央山谷、加勒比海地区和北部平原等地同样发现了类似的遗址。这一时期,火山岩雕刻技艺得到了进一步提升,留下了许多精美的火山岩刻作品,包括桌子、石碑、石磨以及女性、巫师、凯旋的战士等人物头像或半身全身雕像。

哥斯达黎加南太平洋地区的定居点位于土地非常肥沃的地区,有利于玉米、棉花、棕榈树和果树等作物的集约化种植。在这里,同样发现了大量的住房地基、道路、垃圾堆场、土葬和石质墓地遗迹。其中值得一提的是,石球的制造在这个阶段达到了顶峰时期。通常,这些石球被置放在动物或人物雕像旁,或者是巨大的立柱旁边,似乎代表了某些人的重要身份和地位。采用金属薄片切割,以及金银细致工艺加工黄金及银铜等物品的锤揲技法,发展到了高峰时期。但是,当时的黄金大多从河流流沙中提取,因此,矿藏开采在当时的哥斯达黎加并不普遍。

第三节 哥斯达黎加前哥伦布时期的主要部族及其特点

欧洲人到达美洲之前,在哥斯达黎加所在的地区,并不存在现今这样统一的国家。当时,若干个人居村落分布在这里,它们彼此独立,而且在社会和文化的发展程度方面存在着一定的差异。

在哥斯达黎加及其周边地区，当时共同生活着的有乔罗台卡人,韦塔人和博鲁卡人。长久以来,他们相互之间已经不再划分各自的领属范围,人种也开始逐渐融合。最新的研究显示,当时有两个主要区域,其中之一是受到加勒比和南美洲文化影响的“中间地域”,另一个是范围更大的受中美洲文化影响的“中美洲地域”,从恰帕斯和尤卡坦半岛一直延伸到尼科亚半岛及毗邻的尼科亚海湾地区。

“中间地域”和“中美洲地域”这两大区域之间,无论是政治文化，还是日常生活中的接触互通和交流已经相当频繁,尤其是在两大区域交汇的地区这一特征更加明显,已经没有严格划定的边界。即便如此,两大地域之间还是有着各自鲜明的文化特征。例如,“中美洲地域”的社会组织结构,明显比“中间地域”更为复杂,更为成熟。其中,乔罗台卡人的文明程度明显高于其他几个土著民族。两大区域占据主导地位的规范体系都是约定俗成的，但从西方法律体系的角度来审视的话,“中美洲地域”在制度方面规范性更强。有学者猜测，尼科亚地区的人已经能够用文字记录并保存他们部分或全部的法律条款，所使用文字的类型与中美洲其

他民族的文字有类似之处。

有关这些群体当时的生活状态，目前所知的信息大多来自西班牙征服者的记载，或者是传教士所撰写的信件和报告。但是,欧洲殖民者留下的这些历史记录,以欧洲人的文化模式和思维方式为出发点，与美洲土著人的立场和角度截然不同。抑或因为对美洲的偏见、认知的所限或者文化的盲区,一方面,欧洲人的观点很有可能有所偏颇。另一方面,这些历史记录不仅数量十分有限,记录流于表面,有些只是笼统零散的资料，而且，涉及当地原住民群体也不全面,只记载了当时土著群体中的一部分。

根据这些历史记录,可以确定的是,前哥伦布时期居住在哥斯达黎加的原住民,有如下五个主要的土著民族：

源于北美洲的乔罗台卡人。他们的定居点分布在尼科亚半岛和海湾地区、当今洪都拉斯的乔卢特卡区、丰塞卡海湾沿岸,一直延伸至萨尔瓦多和尼加拉瓜。在乔罗台卡人绘制的古老的地图上,丰塞卡海湾就被称为“乔罗台卡海湾”。在前哥伦布时期哥斯达黎加的各个土著民族当中，乔罗台卡人口数量最多,发展最为成熟。在尼科亚大酋长的统治时期,尼科亚成了地区的首府所在地。其他各个支系,散居在臣属的尼科亚周边地区。乔罗台卡人居住区,有专为举行宗教庆典仪式的寺庙,也有进行商业贸易活动的集市。在哥斯达黎加土著民族中,乔罗台卡人的文化最为先进,社会组织和智力发展程度已经达到较高水平。他们在宗教、农业和陶瓷工艺等方面的进步程度均可作为例证。在乔罗台卡人的宗教中,他们把太阳和月亮视作主神,活人献祭的宗教仪式与墨西哥人颇有相似之处。据西班牙殖民者留下的记录,生活在不同生活区域的乔罗台卡人,或从事农业,或在海岸边制盐。种植的主要农作物包括玉米、棉花、菜豆、枇杷、烟草等。他们制作弓箭、刀斧和石锤等精良的武器,手工技艺精巧;佩戴由黄金、珍珠、宝石、贝壳、羽毛、动物牙齿甚至翡翠等制成的饰品;制作的鹿皮纸张不但用于进行文字记录,而且用于绘制田产平面图和区域地图;而且,开始使用可可作为货币, 进行货物贸易。在流传后世的乔罗台卡人的陶器上,可以见到羽蛇、双头飞龙、猴子、美洲豹和人物坐像等图腾形象。史料显示,他们讲乔罗台卡语,这是一种起源于尼加拉瓜的古老方言,与墨西哥南部(今格雷罗州、瓦哈卡州和恰帕斯州)的方言非常相似,洪都拉斯的一些地区也说乔罗台卡语。在某种程度上,这也成为乔罗台卡人起源于北美洲的旁证。在 16 世纪殖民征服时期之初,乔罗台卡人的某些族群将具有中美洲特色的文化带到了南美洲。作为先进文化的传播者, 乔罗台卡人促进了中美洲和南美洲的相互联系。

源于北美洲墨西哥的纳瓦特人。他们讲纳瓦特语，定居点主要位于哥斯达黎加西北部和东南部。在尼加拉瓜的纳瓦特人主要分布在里瓦斯地峡地区。但在今天的哥斯达黎加，纳瓦特人几乎已经不复存在。前哥伦布时期，在中美洲定居的纳瓦特人源于两次大规模的移民运动。第一次发生在公元12世纪左右，托尔特卡政权倒台后，当地土著部落大规模向东南部迁徙。第二次由阿兹特克人主导，强权统治下的阿兹特克人通过贸易往来和军事征伐侵略南部地区，一直扩张至巴拿马。南下的阿兹特克人将他们的习俗、艺术、可可种植等带到哥斯达黎加，对当地影响颇深。这两次大规模的移民运动，对哥斯达黎加和尼加拉瓜西南部地区产生了深远的影响。哥斯达黎加占据中美地峡最狭窄的区域，连接南北美洲两个大陆，成为了美洲土著民族大迁徙的通道和桥梁。

哥斯达黎加在北美洲和南美洲之间，形成了一个中间地域。在这里，南美和北美大陆的动植物种类混合杂交，直到现在，北美洲和南美洲在动植物方面的多样性仍在此彰显无遗。

科罗比西人。定居点位于哥斯达黎加北部，在特诺里奥河与科罗比西河之间，尼科亚湾的东部，并向东延伸至奥罗西火山和坦普斯克河。1522年，西班牙征服者吉尔·冈萨雷斯·达维拉到达这里，称当地的国王为科罗比西。科罗比西人使用的是一种被西班牙人描述为美丽古老的语言。有学者认为，科罗比西语是奇布查谱系的一个分支语言。在文化上，科罗比西人处于“中间地域”，但与“中美洲地域”有文化交流。

加勒比人，分为韦塔人和维塞伊塔人两个支系。现今哥斯达黎加大部分人口聚集的中部地区，正是前哥伦布时期加勒比人的领地。从分布范围上来看，加勒比人定居区是哥斯达黎加土地最为肥沃的地方。加勒比人的名称源自多米尼加一个酋长的名字，用来指野人或食人族。他们分布在某些沿海地区和岛屿，地理范围从尼加拉瓜一直延伸到厄瓜多尔。其中，韦塔人生活在哥斯达黎加内陆高原地区，他们使用的韦塔语起源于恰帕斯方言。据《马德里美洲历史博览会展出的古代哥斯达黎加土著人名录》记载，在韦塔人的墓穴中，发现了用石头制成的面貌各异的人类头骨。按照土著部落的习俗，他们砍下战俘的头颅献给胜利将领作为战利品。1562年巴斯克斯·德·科罗纳多在写给西班牙国王的信件中，对韦塔人的评价是天性好斗、富于谋略，称之为“新的征服”。韦塔人手艺精湛，能够制作纯度不同的金器和质地优良的棉衣；养殖山猪和驼鹿作为食物来源。加勒比人的另一支维塞伊塔人与其他几个部族共同居住在托罗河口向西

海岸的延伸地带。“维塞伊塔”一词即源于纳瓦特语中的“apiztaplan”,意为“泉水”。据史料记载,一条名为“维塞伊”的河流流经维塞伊塔人的居住地附近。维塞伊塔人的名称很有可能来源于此。历史上,维塞伊塔人的族系属于留存至今的塔拉曼卡人中最大的族群。他们与周边部落战争不断,在殖民战争中奋勇反抗西班牙殖民者。强大的西班牙人花费了巨大的精力也未能长久地征服他们。

源于南美洲的博鲁卡人。主要居住在位于太平洋西南海岸的奥萨半岛上。活动范围从太平洋延伸至哥斯达黎加与巴拿马接壤的边界线。博鲁卡人与中美洲地峡东部的土著民族具有亲缘关系。也有史学家根据博鲁卡语与哥伦比亚的奇勃恰语在词汇上存在的颇多相似之处,推测他们是奇勃恰人的后代。博鲁卡人种植的主要农作物包括玉米、可可、水果和棉花等。他们以手工艺品、纺织品以及独特的轻木面具而闻名四方。此外,对加勒比部落的侵略战争和在河道中进行的淘金活动,也给博鲁卡人带来了大量的黄金回报。考古学家曾在将军谷的某处博鲁卡人墓穴中,挖掘出价值 2.5 万美元的黄金手镯、项链等精美的随葬饰品。

截至 1522 年,上述这些哥斯达黎加土著民族的人口总数为 27200 人。其中,乔罗台卡人总数约 13200 人,分布在尼科亚半岛及海湾、乔梅斯、奥罗蒂纳、丘鲁特卡等地,一直延伸至艾拉杜拉地区。纳瓦特尔人总人口数量约为1000人，分布在特诺里奥河、古卢比西地区、圣克拉拉平原及墨西哥奇卡瓜地区。加勒比人总数约11700人，其中韦塔人分布在圣何塞、埃雷迪亚、阿拉胡埃拉地区、苏埃雷省、卡塔戈省及中央山谷；维塞伊塔人分布在利蒙、奇里波、艾斯特雷亚、锡克绍拉以及托赫尔岛及其沿岸地区。博鲁卡人约1300人，这些人口地理分布所涉及的地区，如今并非全部都在哥斯达黎加共和国的领土境内。

进入16世纪地理大发现时期，哥斯达黎加的土著人口数量以十分惊人的速度锐减。一方面，为了夸大自己的殖民功绩，西班牙人往往会在写给西班牙王室的报告中夸大印第安人原有土著人的数量。另一方面，战争、疾病等因素使本来数量不多的印第安土著人口数量骤减。在留存下来的1765年的一份报告中曾提到：在哥斯达黎加最发达的土著人口聚集地尼科亚地区，只剩下了一个毁坏严重的酋邦，居住着五六十个土著家庭。与其他中美洲国家相比，哥斯达黎加纯正的土著人数量稀少，占哥斯达黎加总人口的比重较小。对于土著人口锐减的原因，史学界有如下几种观点：

持续不断的土著部落战争。为了抢夺资源和奴隶，哥斯达黎加各个土著部落之间几乎一直处于战争状态。据1563年巴斯克斯·德·科罗纳多的记载，来自楚卢特卡和奥罗蒂

纳的6000名乔罗台卡人经历与韦塔人的战争后仅有26人存活下来。

活人献祭。在哥斯达黎加一些土著部落的宗教仪式上,他们会取出活人心脏献给太阳神,也有在活人身体多个部位放血浇灌种植的农作物作为祭品献给诸位神灵的做法。一些土著民族还会将在部落战争中的俘虏作为祭品献给神灵。

欧洲殖民者的外来入侵，造成哥斯达黎加沿海地区土著人大量死亡。

瘟疫和疾病等诸多因素，几乎使哥斯达黎加土著人消亡殆尽。

第四节
"中美洲地域"和"中间地域"的社会与法律

一、"中美洲地域"的社会与法律

根据16世纪初的历史资料记载,"中美洲地域"包括尼科亚半岛和海湾地区的大多数哥斯达黎加村镇，以及耶稣马利亚河和塔尔科雷斯大河之间的太平洋中段。"中美洲地域”居民使用的语言是乔罗台卡语,这一地区的土著居民因此有时也被称为乔罗台卡人。此外,在现今哥斯达黎加的瓜纳卡斯特省巴加塞斯市附近，以及圣胡安河口和西绍拉盆地地区，一些以纳瓦特语进行语言交流的小块飞地，同属“中美洲地域”。对于这一部分使用不同语言的居民来源,在16世纪下半叶的多份史料中都有所记载:当年,美洲的阿兹特克人的皇帝蒙特祖玛二世曾派员到中美洲地域收取进贡，但当这批税收官员到达中美洲地域后，从北方传来讯息，阿兹特克人的首都特诺奇蒂特兰城已经被西班牙人占领。这些被派出在外的阿兹特克人,面对国家已经被攻占、无法返回的局面,就此决定留下。由此,墨西哥渊源的纳瓦特因素融入了中美洲这一地域。

尼科亚半岛和海湾地区是哥斯达黎加最早被纳入西班牙王室统治的领土,大约开始于1520年。很多关于中美洲文化区土著居民生活的史料，来源于西班牙编年史作家贡萨洛·费尔南德斯·奥维多·巴尔德斯。这位史学家于1529年到达尼科亚,在他的记载中,乔罗台卡人在社会架构和文化习俗方面与居住在尼加拉瓜太平洋沿岸的土著部落存在诸多的相似之处。

尼科亚的地理位置就在现今尼科亚市附近，是当时的政治、宗教和经济中心。这里通过选举产生最主要的管理

者——酋长。酋长行使政治权力,同时还履行主持宗教和庆典仪式等职责。根据贡萨洛·费尔南德斯·奥维多·巴尔德斯的记载,在尼科亚酋长的手下,有大臣和武士,他们协助酋长行使部落管理事务,并且对酋长进行保护。据这位编年史学家描述,16世纪中期,存在着两个大小不一的附属于尼科亚的支派。两个支派都有各自的大臣和武士,他们傲慢且残忍。另据西班牙历史学家胡安·德·托克玛达记载,尼科亚的乔罗台卡人分布在四个省。其中,尼科亚省和坎德雷省位于半岛上,奥罗缇娜省和乔罗台卡省则在海湾的东岸。

乔罗台卡人社会等级分明,除了酋长外,上层社会还有武士、牧师和资深长老。他们每个月都会召集部落例会,通过投票的方式选出长老会成员。这些选举产生的长老会成员可能来自不同的社区或部族,这在某种程度上对酋长的绝对权力起到了一定的平衡和制约作用。费尔南德斯·奥维多写道:

在乔罗台卡人诸多的社会习俗中,每当酋长需要为他的军队和武士配备供给、向外来的基督徒进贡财物,或者有临时性的特别支出需要进行决策的时候,上层首领就会同部落的主要负责人聚在官邸共同商议。他们就分派的物品、执行分派的人员、分派的对象、供给的数量等方面内容达成一致意见，共同保障上述决策的执行和落实，保障权力行使的诚实公正。在长老会主持下，各个居民区选举产生可以与酋长共同商议社区事务的官员。酋长的选举需要在长老会监理下进行，由各个社区的负责人通过投票选出。通过投票选出的资深长老们与酋长共同决策社区的诸如农务狩猎或活人祭祀等各种内外事务。面临各个领地之间的边界冲突或领土战事时，酋长不是唯一的统治者，他需要与长老们一起确定带兵作战的将领。将领去世或阵亡时，接替的新将领被选出来。若将领的表现对民众不利或与大家的期望不符时，他们可以通过集体决策，有权对违规的首领进行处决。

总之，在中美洲文化区，统治者的权力是有限的，受到领地传统和集体的共同制约。因此，1529 年，当贡萨洛·费尔南德斯·奥维多·巴尔德斯提出建议，让尼科亚的纳姆比酋长下令废止族人集体酗酒的仪典时，纳姆比酋长给他的回复是：

族人的这些醉酒的行为确实不好，但那是部族过去多少年沿袭下来的习俗，如果强行禁止的话，部族的

民众就会不再拥戴酋长的统领，他们不但会因生活中缺少了这些习俗通过其他管理者与酋长进行争论，甚至选择离开这一领地。

在同属“中美洲地域”的纳瓦特语地区，同样通过长老会共同参与社区事务的形式进行决策。这些资深的长老们通过选举产生。长老们忠诚地履行资政职责，向前来寻求帮助的人提出建议，对违规者进行惩处，惩罚的措施包括清扫广场或者为寺庙砍柴。对共同商议的内容，长老会成员必须绝对保密，违规向其他人披露协商的内容会受到严厉的惩罚。为了保证资政过程中没有任何偏私，能够公正地履行职责，加入长老会的成员履职的条件之一是不能成立家庭，需要保持单身。

“中美洲地域”的纳瓦特语地区是否同样有与乔罗台卡人相类似的司法体系，目前尚不清楚。人类学家里卡多·盖萨达·洛佩斯·卡耶哈在他的《哥斯达黎加：中美洲的南部边界》一书中指出，酋长会任命有能力且经验丰富的长老为法官，对于长老会做出的裁决，任何人不可以提出抗诉。

现有资料表明，“中美洲地域”乔罗台卡人的社会秩序系统规范，从现代西方法律角度来看，是一个复杂程度相对较低的制度体系，约定俗成的规范条例仍然起到主导性作用。这种部族沿袭下来的很多规范,使得乔罗台卡人的违规行为并不多见,受到惩处或制裁的现象也并不多。很有可能,乔罗台卡人已经开始使用文字对这类秩序规则进行书面的记载。在哥斯达黎加第二大岛屿奇拉岛上进行的考古发掘中,发现了乔罗台卡人利用纸张、羊皮或鹿皮制成的书籍。上面用红色和黑色墨汁记录着部族的重大事件或难忘经历,还用图例的方式绘制了他们的法律条款、财产继承的方式,以及部落仪典的程序等。当有争议或诉讼时,他们可以根据这些条款和长老们的意见进行裁判。考古学家还发现了一本带有许多象形文字的方形书,被称为"乔罗台卡弥撒书"。

婚姻家庭关系在"中美洲地域"是一项非常重要的内容。基本上,乔罗台卡人按照母系亲缘关系维系着家庭组织。他们采取一夫一妻制,一般情况下,不允许解除已经订立的婚姻关系,除非发现通奸或重婚现象。虽然史料中并未见到"乱伦"的说法,但乔罗台卡人明令禁止与相同血缘的家族前辈、后代和兄弟姊妹通婚。个别的酋长或高级别的首领会娶妾,但往往不被视为合法婚姻。据贡萨洛·费尔南德斯·奥维多·巴尔德斯记载,一些土著印第安人家庭会把自家的未婚女子送到酋长那里,请求酋长接受她们,对家族来说,这是一种荣耀。而且,印第安人也愿意迎娶曾被酋长接

受过的女子。乔罗台卡人的婚姻通常还有一系列的仪式过程：求婚者的父亲应该正式拜访女方的父母，提出订婚请求。如果求婚一旦被接受,就要开始为婚礼庆典择定日期。婚礼是非常盛大的庆祝活动,新婚夫妇的家人、朋友和邻居会前来庆贺。婚礼前,双方父母会为新人准备嫁妆。根据各自家庭的经济状况,嫁妆可能包括耕地、房屋、可可、珠宝、动物、蔬果等。但如果配偶中的一方,在婚后没有子女的情况下死亡的话,嫁妆需归还给去世一方的父母。已经缔结婚约的夫妇未来的子女可以继承父母的土地和珍宝，但同时父母也有权把自己的孩子献出,用于部族祭祀的活动。

在经济方面,与其他土著群落一样,“中美洲地域”乔罗台卡人的土地和耕作所有权主要是集体性质的。土地可以继承,由父母在生命的最后时刻传给子女,但不允许将土地作为财产出售。只能在没有后代的情况下将土地传给其他亲属。他们有专门的地籍制度对耕地的所属加以规定。因此,个人层面上一般不会出现土地的纠纷,只会在部族和其他部族之间发生领土的冲突。除土地之外,其他个人私有财产同样受到保护。偷窃他人私产，在被判处归还赃物的同时,还会以为受害者提供无偿服务作为所受损失的补偿。若无法归还赃物或者无法进行赔偿，盗贼就可能成为受害者家庭的奴隶,被捆绑在受害者家中,处于被奴役的状态,直到受害者决定释放他们为止。

集市在乔罗台卡人的经济生活中发挥了核心作用，因此，他们有一些相对复杂的贸易和雇佣规则。通常，乔罗台卡人的集市由妇女们经营，除了未成年和婚配男子外，其他男性被禁止进入集市。违反禁令的男人可能被石头砸死，或者作为奴隶出售，甚至被吃掉。每隔四个月，人们聚集在广场的议事厅，选举任命一名忠实的市场监管人。被选出的这位管理人，在未来的四个月期间对集市拥有绝对的管理权，而且不能离开集市，时刻监督集市贸易中的销售或交易的公平性，禁止强买强卖等欺行霸市的行为。

尽管乔罗台卡人的集市上的主要交易活动通过易货进行，但乔罗台卡人还是创造出交易的货币——可可种子。考古发现，当时甚至还出现了用泥土填充可可种子伪造货币的行为。

乔罗台卡族的宗教、语言、习俗和法律制度，随着西班牙殖民者对新大陆的征服脚步而逐渐消亡。尽管如此，在西班牙统治时期的各种文献中都可以看到对这些居住在尼科亚地区原住民的社会体系和法律制度的大力赞赏。例如，在16世纪下半叶，西班牙的天文和历史学家胡安·洛佩斯·德·贝拉斯科曾记载，尼科亚地区的土著印第安人“非常尊重公平正义”。直至18世纪初，人们仍然经常提及他们明晰

的法律管辖体系,认为尼科亚地区的土著人法律中,之所以没有规定对弑亲和弑君行为的惩罚,是因为他们中任何人都不会犯下这种罪行。如编年史家洛佩斯·德·格马拉说,尼加拉瓜当地人中,包括乔罗台卡人的“法条中没有规定对杀死酋长的人如何惩处,因为这根本不会发生”。西班牙修道士波巴迪亚也曾记载,当他向尼加拉瓜的印第安人询问,若有人杀死了首领,将会受到什么刑罚时,收到的回答也是从未发生过、也不会发生这样的事情。

二、“中间地域”的社会与法律

“中间地域”的主要范围是现今哥斯达黎加领土上,除尼科亚半岛和海湾地区以及纳瓦特的一小部分之外的地区,还包括尼加拉瓜的大西洋地区、巴拿马、哥伦比亚、委内瑞拉的一部分区域和厄瓜多尔的太平洋沿岸。有史学家猜测,远古时期,尼科亚地区很有可能也是“中间地域”的一部分,但后来这些原始居民逐渐被来自北方的中美洲文化群体所取代。

这一地区在西班牙殖民者到来之际,呈现出的文化统一性远远低于“中美洲地域”,展现的更多是文化的多样性。“中间地域”居住着许多不同语言和习俗的群落,其中大部分人使用的语言在宏观上都属于奇布查语系。其中,居住在大西洋一侧的一些部族文化，与加勒比海岛屿的文化元素有很多相似之处。其他的一些地区，则明显表现出受到了南美洲因素的影响。其中的一个例证就是1562年卡西姆尼奥兹城总督的一封信件。这位哥斯达黎加中央山谷地区的统帅曾写信给西班牙国王菲利普二世称，哥斯达黎加当地人的服饰与印加地区的秘鲁人的装束非常相似。到了19世纪，塔拉曼卡的一些印第安人仍然保留了一种系绳方法，与印加帝国所使用的不同绳结的捆绑技法相一致。“中间地域”某些部落的习俗，与巴拿马和哥伦比亚土著人的习惯也有相似之处。

尽管分布在哥斯达黎加“中间地域”的许多群族之间，通过相互依附或者共结联盟的方式建立起一定的关联，但在欧洲殖民者到来之前，整个“中间地域”并没有形成一个统一的权力社会，而是多个部落共存的状态，它们的社会复杂程度各不相同。在西班牙人的一些历史文献中，先后提到了这里的二十多个名称各异的土著人族群。但是，因为这些记载过于简短模糊，无法清楚地确定各个族裔群体之间的关系及其具体特征。各个区域的名称及其酋长名字，在这些零散的文献中也有颇多令人不解之处。有时，同一个地方或个人有多个名称，有时，同一个名称被同时用于地区名或酋长名。有历史学家甚至猜测，其中一些部落，

在酋长死亡或更迭时,其部族也会随之易名。

“中间地域”所使用语言呈现出的多样性,令欧洲人感到惊讶。即便在今天哥斯达黎加的这些地区,留存下来的土著语言仍然保持着截然不同的特点。然而,由于当年费尔南德斯·奥维多等编年史学家以及西班牙修道士波巴迪亚等人并没有亲身到访过“中间地域”,因此史料中有关这一地区的宗教法律等社会生活的记载非常稀少,并呈现出孤立和零碎的特征。

与中美洲其他地方不同,西班牙人没有在哥斯达黎加的“中间地域”找到任何足以称其为城镇的人口聚集区域。据 16 世纪的历史资料记载,在哥斯达黎加“中间地域”分散着一些有血缘关系的家族型定居点,其中两个或三个相对较大部落的成员,共同耕种着周边的田地。虽然在瓜亚博等地方的考古活动中,发掘出了大型定居点存在的证据,但在整个“中间地域”,很难找到像尼科亚那样集中的大型社会聚集群。当地游牧或半固定式的农耕方式,使得当地土著人居住群落不停迁移,或许是其中的原因之一。另外,由于历史文献的缺乏或记载模糊,很难确定当地是否存在明显的社会等级制度。

虽然在“中间地域”的个别群落,存在着类似于印加王朝的父系权力统治的迹象,但哥斯达黎加中间地域的大多数部族中,都是终身制母系世袭制度。例如,1562 年,一位造访博图斯部族的西班牙船长记载,“受到了印第安土著女酋长及其丈夫的欢迎,女酋长的丈夫在土著群落中几乎没有什么权力。”塔拉曼卡一些部落首领的母系承袭制度,一直延续到 19 世纪下半叶。根据美国古生物学家威廉姆斯·摩尔·嘉博记载:

> 统治的形式非常简单。一个家族拥有世袭的领导权……这种继承不意味着由酋长的子女直接继承酋长位置,而是在当酋长死亡时,家族中最有威望的成员被推举出来填补酋长空缺。通常情况下,被选中的很有可能是上任酋长的兄弟姊妹或表亲……而前任酋长的直系继承人,常常作为未来替补的继任者,职位通常仅次于新的酋长,拥有有限的权力。

与哥斯达黎加尼科亚地区的头领相比,“中间地域”酋长似乎拥有更大的权力。在大多数部落中,酋长发挥着至关重要的作用,指导群族的生产活动,对生产盈余进行再分配,解决内部冲突,掌管司法权力,负责与其他群族间的关系,并且还拥有祭司的职能。某些酋长的权力几乎被神圣化,通常穿戴特殊的服饰和徽章,主持活动有精心设计的礼

仪,周围有众多的助手和仆人辅助服侍。酋长生活中的主要事件及死后的葬礼,通常是程序复杂和气氛庄严的公众参与的仪典。群落中其他人的等级,与其跟酋长的亲疏程度和关系有一定的相关性。

武士和牧师同属部族社会的上层阶级,同样拥有特殊的服饰、佩戴徽章。在某些部族中,还有女性武士。在各个部族之间频繁的冲突过程中,战俘会被作为祭祀仪式的牺牲品。通常,“中间地域”的祭祀仪式中,没有同类相食的现象。传教士奥古斯丁·德·塞瓦由斯在1610年的一份资料中曾经提到,哥斯达黎加东南部的几个土著群体,经常冲突不断,定期会把一些人作为祭祀的牺牲品。“当他们有祭祀的需要时,为了不牺牲他们自己族群的人,便会攻击其他族群,把捉来的俘虏作为祭祀的牺牲品。如果用作牺牲的俘虏人数足够多,他们也会将他们卖给临近的部落。”部落的酋长或高层死亡后,奴隶也会被作为陪葬的牺牲品。

哥斯达黎加“中间地域”的家庭,是基于母系氏族的关系的亲缘组织,家族成员是同一母系祖先的后代。在塔拉曼卡的一些土著群体中,严格禁止同一家族成员之间缔结姻缘,无论双方的亲缘关系多么遥远,只与能异族通婚,即男性在其他的氏族寻找妻子,一旦违反这一规范就会遭到活埋。绝大多数男性婚后必须入赘,与女方家族共同生活。由于男方结婚后必须为女方家庭的生计做出贡献，这些部族通常把女孩视作“家庭优良资产”。婚后男方一旦生病，他们会被送回其父母家中。如果男方患有恶疾或者比较懒惰，女方可以退掉婚约，不再允许男方回来共同生活。

虽然部族实行一夫一妻制的婚姻形式，但在尼科亚文化中酋长享有一夫多妻特权。一夫多妻制度在“中间地域”的很多群落中似乎成为一种占主流的婚姻制度。1763年的一份史料中记载：

> 在塔拉曼卡的印第安人中，男人到了二十岁才能结婚，但是女子，尤其是长相好看的女孩子，六七岁就可以结婚了。男人通常把这些女孩子抚养照顾到她们成人再成亲。那些地位尊贵、骁勇善战及家境富有的印第安人，可以拥有多名女性作为伴侣。

直到19世纪下半叶，在塔拉曼卡的一些土著群体中，许多男性仍然有两个妻子，有的丈夫有三个伴侣，可以选择多个女人。

在经济活动方面，哥斯达黎加的“中间地域”大多实行集体耕作制度和田地集体所有。但在某些部落中，上层社会具有特权地位。在一些地方的考古活动中，发现某些定居点

存积了很多货物，似乎在这些地方曾经存在货物分配或者宗教仪式的痕迹。但到目前为止,历史学家并没有找到任何在“中间地域”曾存在市场交易的文献记载。

哥斯达黎加的发现和征服时期

（1502—1575）

第一节 16世纪哥斯达黎加的本土社会

据估计,西班牙人抵达美洲之时,分散在哥斯达黎加各地的原住印第安居民人数约有40万。这些土著人分布在各个酋邦中。酋邦之下,分成一个个由母系亲缘系统维系的社会群落,成员之间等级分明。各个酋邦当中,实行酋长管辖制度。酋长制度一代代进行承袭,但在权力交替的过程中,并不排除领导权从某个亲缘家族转移到不同血统家族的这种可能性。

那些规模不大的酋邦,下面有若干个不同的村落。这些村落全部由一个酋长管辖,酋长之下有长老会的成员协助酋长进行管理。那些规模较大的酋邦,通常被称为“领地”。几个不同的酋邦在一起,共同构成大酋长领地,所有酋邦成员都在一位首席大酋长的统领之下。为了保障首席大酋长在执政中忠诚公正,大酋长通常会通过亲缘血统的维系,或者通过订立政治契约,抑或通过家族联姻等方式,与各个酋邦之间建立起一定的相互联系且相互制约的关系。

酋邦和领地,都是规模不同的酋长社会团体,成员及组织之间有着明晰的等级关系。这些酋长型社会,基本上由两类家庭组成:其中,被称为“主家”的家庭,掌控部族权力;另一类是由普通的部族工匠和农民们组成的家庭，称为“公社”。在酋长社会的构成体中，萨满、酋邦的宗教领袖以及群落中的医生，都是不可或缺的人物。他们共同构成土著印第安酋邦中的贵族阶层。这些贵族成员借助宗教的神奇力量，强化他们对普通部族成员的管辖威信。通常，贵族阶层可以获得更多的黄金和奴隶，并且在战争、商业，以及与众神交流的过程中，履行相关的管理职能。

当时，分布在哥斯达黎加各个地区的酋邦和领地的土著人族群，在语言、文化、建筑等方面，以及对世界的认知都存在着显而易见的差别。绝大多数哥斯达黎加土著印第安人对于世界的认识，基本属于“万物有灵论”。换言之，在他们的信仰中，普遍认为，无论是日常生活物品还是特殊用途的物体，皆与大自然中的河流、山脉、天空、星宿、植物、动物、岩石、特殊地点等诸多元素一样，具有灵性和自我意识。虽然在“万物有灵论”的大概念之下，各个种族部落的信仰有很多细节上的不同，变体颇多，但总体而言，各个土著部落都确信人类灵魂的存在，并且，将灵魂的定义进一步延伸到自然生物世界，将它们人格化，认为一切都是活着的生命，都有意识和灵魂。土著部落赋予自然界万物某些超理性的智慧和意志，认为超自然的一切，控制着世界的存在。

无论是在酋邦还是在领地当中，寺庙是进行各类宗教

活动的重要地点。从外观上看,庙宇比普通的房屋规模更加庞大，与房屋在外形上十分相似。宗教活动中所使用的乐器、面具、垫子等宗教物品以及礼仪餐具等,被保存在神圣的寺庙中。祭司们在寺庙主持宗教仪式时,使用的宗教偶像或图腾,通常用黄金制成。

当时,哥斯达黎加各个酋邦和领地的农业耕作过程中,大多使用从森林中砍伐的树枝和干草进行燃烧,然后,把植物燃烧的灰烬铺撒在农作物的周围,替换掉原来的土壤。这种做法在清除杂草的同时，使土地更加松散，通风效果更佳,灌溉水和雨水也可以更好地渗透到土壤中,同时保证了土壤的肥力。他们种植的主要作物包括玉米、豆类、葫芦、木薯、果树、可可等。

根据各个酋邦和领地所处的地理位置，当时哥斯达黎加主要有下面几大区域：

北太平洋地区最重要的领地是尼科亚王国，王国同时还统治着该地区的其他规模较小的酋邦,如尼科帕萨亚县、南达尤雷县、坎赫尔县、帕罗县,楚鲁特卡县、萨邦迪县,科罗比西县、阿班加雷斯县、奥罗蒂纳县和乔梅斯县等。尼科亚王国也因用活人牺牲祭祀，以及在宗教仪式上同类相食而闻名。

在中央山谷的内部,有两个重要的领地,聚集了该地区绝大多数规模较小的酋邦。一个是加拉维托领地,也称为西部韦塔联合王国,统领着中部太平洋地区直到比利亚河,从埃斯帕扎延伸至圣胡安河的地域,还包括博托人卡塔帕人和提斯人等几个向王国纳捐的地区。中央山谷地区另一个重要的领地是瓜而科国王领导的东部韦塔联合王国,统领着韦塔山谷,直到加勒比海中部地区,延伸至距离塔拉曼卡非常近的苏尔雷、波科西和奇里波等地区。

在加勒比中部和南部,有塔里亚卡和塔拉曼卡酋邦。其中,塔里亚卡管辖米农、图雷卡卡、图科伊巴、阿巴萨拉和西塔拉等城镇。这些地区居住着卡贝卡尔人、奥亚凯人、乌里纳马人以及特拉巴人等哥斯达黎加土著印第安部族。

中美洲地区的部落细瓜斯占据着多伊山谷和西绍拉河沿岸地区。他们是来源于尤卡坦半岛的海上贸易入侵者。他们占领了附近的河流和山谷,直到今天的巴拿马部分地区。有些部族还散居在塔拉曼卡山脉和奇里基地区的太平洋沿岸,保持着各自部族传统的生活习惯及宗教文化。

第二节　哥伦布发现哥斯达黎加和西班牙人征服的第一阶段(1502—1560)

哥伦布发现哥斯达黎加(1502)

1502年9月25日，经过在中美洲海岸异常艰难的航行,在付出了折损远征船队中的一艘大帆船的代价之后,克里斯托弗·哥伦布在他的第四次跨越大西洋的航行过程中,到达了一个名为奇里布里的小岛，他称这个植被繁茂的小岛为韦塔。之后,哥伦布和他的远洋船队又进入了一个名为卡里阿利的陆上酋邦领地。这两处地方,就是今日哥斯达黎加的韦塔岛和利蒙港。

当时,哥伦布并没有在这两处领土过多地停留,因为他那次航行的主要目的是找到一个“未知海峡”。据称,经过了那条海峡,就可以进入到印度洋,并最终到达他魂牵梦绕、向往所至的远东地区。因此,哥伦布和他的远洋船队继续向巴拿马航行。

哥伦布在他所写的《牙买加信札》中,把船队抵达的现今哥斯达黎加所在的领土,称为贝拉瓜。在西班牙人设法征服哥斯达黎加的过程当中，征服者、探险者，以及西班牙王室的官方文件，都沿用了克里斯托弗·哥伦布对哥斯达黎加“贝拉瓜”的这种称呼。

或许是因为在到达贝拉瓜之后，当地土著国王或领地酋长对哥伦布的慷慨馈赠，他从当地土著印第安人手中获得了一些黄金制成的物品。这使哥伦布认为，贝拉瓜这个地方是个“富饶的海岸”，于是，他广泛传播哥斯达黎加这个“富饶海岸”的名声。这个地区拥有黄金财富的消息经过辗转传扬，对当时的殖民者产生了巨大的吸引力，大量冒险者陆续抵达，展开了一系列在哥斯达黎加的探险和征服活动。

西班牙人征服哥斯达黎加的第一阶段(1502—1560)

征服哥斯达黎加的第一阶段，是西班牙人在大西洋沿岸早期探险的一部分。自1502年克里斯托弗·哥伦布到达哥斯达黎加，一系列探险家和西班牙王室派遣的官员，开始了在哥斯达黎加的海上及陆上的探索。

探险家迭戈·德·尼科萨是其中之一。1478年左右，他出生在西班牙哈恩的一个贵族家庭。1508年6月9日，他被天主教首领的儿子费尔南多任命为贝拉瓜总督，所辖疆域包括今日尼加拉瓜和哥斯达黎加共和国的加勒比海岸

延伸至巴拿马海岸的领土部分。根据哥伦布的记载,这里是聚集了大量黄金宝藏的富饶海岸,对于西班牙王室和任何一个探险家而言,都极具吸引力。

在接受了摄政王的委任之后,迭戈·德·尼科萨于1510年率领远洋船队到达了哥斯达黎加附近,并沿着海岸航行。但是,不幸的是,他的探险之旅非常不顺,他的船队搁浅在位于现在哥斯达黎加的其利奇潟湖入口处的一个叫卡约的小岛上。迭戈·德·尼科萨在哥斯达黎加的这次探险以失败告终。

1519年巴拿马城建立,西班牙探险者在哥斯达黎加太平洋沿岸的征服行动逐步开始。总体上说,这部分西班牙人的境遇比在大西洋加勒比海沿岸的结果稍好。他们获得了一些土著酋长的帮助。一些酋长甚至会给西班牙探险者和船队提供一些便利,帮助他们在沿海不同地区转移。可以说,西班牙人在与哥斯达黎加太平洋沿岸地区的土著居民最初的接触过程中,并没有遇到强烈的抵抗。

西班牙探险家和征服者巴斯克·努涅斯·德·巴尔博亚于1510年在圣玛丽亚·老达连建立了美洲大陆的第一个永久性城市后,在探险者中名望大增。之后,他开始觊觎贝拉瓜地区,即今日的哥斯达黎加。当时,由西班牙王室委任的贝拉瓜总督迭戈·德·尼科萨及其手下人在航行中不知所踪，罗德里戈·恩里克·德·科梅纳雷斯便率领船队出发，沿岸寻找。当他的船队发现迭戈·德·尼科萨一行时，迭戈·德·尼科萨因与当地土著人的冲突，已经受伤严重。获救后，迭戈·德·尼科萨本想继续行使贝拉瓜地区总督的权力，但受到罗德里戈·恩里克·德·科梅纳雷斯和巴斯克·努涅斯·德·巴尔博亚的极力阻挠，当地人也反对迭戈·德·尼科萨继续担任总督。在这种情况下，1511 年 3 月 1 日，迭戈·德·尼科萨以一名普通士兵的身份，与其他 17 名船员一起被送上了一条状况不佳的帆船。据称，这艘船连同船上的人员最后在海上消失。巴斯克·努涅斯·德·巴尔博亚以这种方式成为贝拉瓜地区事实上的执事总督，并进一步谋求西班牙王室的官方认可。最终，在 1511 年 12 月 23 日，巴斯克·努涅斯·德·巴尔博亚获得西班牙王室的正式任命，成为贝拉瓜总督。

此后，陆续有西班牙人胡安·德·卡斯塔涅达以及西班牙探险船长吉尔·冈萨雷斯·达维拉，对现今的哥斯达黎加和尼加拉瓜领土进行探索，并且进入了现今的洪都拉斯境内。

其中，吉尔·冈萨雷斯·达维拉是第一位抵达尼科亚湾的西班牙探险家，于 1522 年造访了尼科亚王国。当时，他指挥 100 多名西班牙人，进入了哥斯达黎加太平洋沿岸东部、尼科亚半岛和布里卡角部分岛屿。吉尔·冈萨雷斯·达维拉

率领西班牙人第一次从陆地进入哥斯达黎加探险，并与居住在太平洋沿岸的当地土著人有了直接接触。这些土著印第安人给了西班牙人一部分财宝，一些土著印第安人甚至接受了宗教洗礼。在这之后,这支西班牙探险队进入了乔罗台卡省,造访了几个酋长联邦。得到一些黄金馈赠后,他们最终到达尼科亚王国。西班牙探险队注意到这个酋邦领地的影响力远远超过周围其他的酋长部落，因此他们在这里停留了十天,走访了萨庞迪、克罗比西、迪丽亚、娜米阿皮、奥罗西和帕帕加由等酋邦,并到达凯华卡珀卡,受到尼卡劳酋长的丰厚犒赏。这批西班牙人沿途发现了阿亚瓜罗湖,并把它命名为甜海。

听闻吉尔·冈萨雷斯·达维拉所获得的财富，西班牙卡斯蒂利亚省长佩德拉里亚斯·达维拉决定派由弗朗西斯科·埃尔南德斯·科尔多瓦率领的探险队执行新的探险任务。他们沿着太平洋沿岸,在格兰德河的塔尔科雷斯上岸。最终于1524年,建立了布鲁塞尔镇,即现今哥斯达黎加蓬塔雷纳斯市附近。这是西班牙人在哥斯达黎加领土上建立起来的第一个殖民城镇,并成为当时的首府。1524年,尼科亚成为在政治、行政和法律等方面隶属于布鲁塞尔镇的地区,形成了尼科亚半岛地区、岛屿和海湾沿海地带的政治经济中心地带。这进一步推动了尼科亚的乔罗台卡人和奇拉人构成的东部沿海地区土著酋长社会在制度上的相对统一。

1526年,西班牙王室宣示对尼加拉瓜拥有主权。1527年,尼加拉瓜省建成后,该省控制了尼科亚,直到1554年。在佩德拉里亚斯·达维拉的命令下,布鲁塞尔镇的原有土著印第安人口几乎全部被消灭。1542年西班牙王室颁布新法律,并于1545年成立危地马拉检审法院管辖区。官方于1549年禁止在其海外土地上实现新的征服,这一禁令一直持续到1556年。

这些早期的探索,在西班牙王室对尼科亚的成功征服的过程中至关重要,为1540年至1544年之间,埃尔南·桑切斯·德·巴达霍斯和迭戈·古铁雷斯在大西洋沿岸的探险远征奠定了基础。

在大西洋加勒比海沿岸的一系列探险失败之后,新的西班牙远征者开始从尼加拉瓜的格拉纳达市和巴拿马的迪奥斯港沿加勒比海岸进入哥斯达黎加,开始了一直延续到1544年的加勒比地区的探索。而从巴拿马城抵达的探险者,则沿着太平洋沿岸,前往哥斯达黎加的尼科亚王国和尼加拉瓜地区。

1529年,受弗朗西斯科·皮萨罗侯爵任命的西班牙律师和征服者马丁·德·埃斯特从尼加拉瓜的格拉纳达港出发,沿着之前探险者的古老路线,成功抵达了哥斯达黎加北

部的平原地区,到达了苏埃雷酋长联邦。

1534年,探险者费利佩·古铁雷斯获得了征服贝拉瓜(Veragua)地区的许可。这次远征,遭到了沿路土著印第安人的顽强抵抗,最终以失败告终,导致双方大量人员伤亡。

1539年,西班牙探险者阿隆索·卡莱罗沿着哥斯达黎加的圣胡安河,开辟出"圣胡安线路"。他通过这条线路,将尼加拉瓜的格拉纳达港与加勒比海连接起来,并且成功穿越哥斯达黎加圣卡洛斯和萨拉皮基河沿岸的平原地带。

1540年,根据之前与巴拿马议会主席弗朗西斯科·佩雷斯·德·罗伯斯签订的协议,埃尔南·桑切斯·巴达霍斯成为征服哥斯达黎加的前锋大元帅。他从巴拿马迪奥斯港出发,通过西绍拉河进入了哥斯达黎加,并在塔拉曼卡建立起以自己姓氏命名的巴达霍斯市和圣马科斯港口。但是,埃尔南·桑切斯·巴达霍斯遭遇了由尼加拉瓜统治者率领的一支庞大部队的顽强抵抗。他们不能容忍这些来自巴拿马的西班牙人,迫使埃尔南·桑切斯·巴达霍斯的远征队屈服并投降。由于食物匮乏和土著印第安人起义,西班牙人最终放弃了巴达霍斯市。

1540年,伯利恒河西南部地区被命名为贝拉瓜公国。贝拉瓜公国此后又被分封给了克里斯托弗·哥伦布的继承人。1546年,哥伦布的两位孙子,贝拉瓜公爵堂·路易斯·哥伦布和弗朗西斯科一起，在西班牙组织了一支 130 人远征队伍。远征目的地正是贝拉瓜公国。最后，堂·路易斯并没有同远征军一起出发。而他的兄弟堂·弗朗西斯科在哥斯达黎加当地土著印第安人向西班牙人营地发动的一次成功的袭击中，命丧黄泉。这支远征队对哥斯达黎加的征服以惨烈的失败告终，只有 15 到 20 名左右的西班牙人得以幸免。

在贝拉瓜公国建立之后，这一地区之前原本连在一起的领土，被分割成了两个互不连通的部分。因此，其中的西部领土(从尼科亚湾到贝拉瓜公国的边界)于 1540 年被并入王家贝拉瓜的范围内，建立起新迦太基省和哥斯达黎加省。

西班牙卡斯蒂利亚王国宣布拥有王家贝拉瓜的领土，疆域包括现在的尼加拉瓜和哥斯达黎加共和国以及巴拿马共和国的加勒比海沿岸，从西绍拉河到贝拉瓜的埃斯库岛。这里的殖民征服从 1540 年开始，但是在多重因素的共同作用下，直到 1543 年它仍然处于非殖民化的状况。

1540 年，神圣罗马帝国的皇帝查理斯五世任命迭戈·古铁雷斯为新生的迦太基省和哥斯达黎加省的省长，其疆域从南部的贝拉瓜公国边界一直延伸到北部的今日洪都拉斯的阿广河。当迭戈·古铁雷斯组织征服军进入属于西班牙王国的尼加拉瓜格拉纳达市时，遭到尼加拉瓜统治者罗德里戈·孔特雷拉斯的抵抗。尽管如此，迭戈·古铁雷斯和征服队

伍还是从尼加拉瓜湖和圣胡安河到达了入海口,然后前往加勒比海岸,穿过苏埃雷河(即今天的巴黎米纳河)进入到了哥斯达黎加的领土。在那里他们建立了圣地亚哥市和圣弗朗西斯科市此后,迭戈·古铁雷斯带领队伍沿河逆流而上,一直抵达当地的一个大酋邦领地。在那里,他和他的队伍受到款待,但迭戈·古铁雷斯为了让土著人继续给他们提供食物,下令囚禁了当地的卡玛奇雷和克克里两位酋长。1544年,当地的印第安人发生暴动。他们烧毁自己的村庄,砍伐果树,进入山区密林深处,藏起所有的庄稼粮食,以断绝西班牙入侵者的一切生存之路。当时,迭戈·古铁雷斯决定率部进入圣克拉拉平原追击。但当队伍到达中央山脉的图里亚尔瓦火山附近时,遇到了印第安人的伏击,迭戈·古铁雷斯战亡。此后,没有其他西班牙探险队进入加勒比海岸。

总体上来说,由于难以获得船只、武器、物资供给,士兵招募也非常困难,西班牙探险队在哥斯达黎加加勒比地区的征服行动均以失败告终。造成这些征服行动鲜有成功的主要因素包括:

受加勒比海沿岸恶劣的地理环境和气候条件的影响。

西班牙征服军往往从尼加拉瓜的格拉纳达市和迪奥斯港出发,而从两处能够获得的后勤物资支持非常有限。由于没有较为充足的供给,迫使因饥饿而挣扎的西班牙人对印第安土著人大肆掠夺。

由于西班牙人的掠夺，当地的土著居民对入侵者展开了顽强的军事抵抗，入侵者难以招募到人员。

从16世纪中叶开始，因为西班牙人的主要征服精力集中在尼加拉瓜境内，在某种程度上，除了哥斯达黎加的尼科亚半岛之外，哥斯达黎加大部分地区被西班牙征服者所忽略。

第三节　西班牙人征服哥斯达黎加的第二阶段（1560—1573）

1556年，西班牙王室撤销了1549年颁布的禁止在其海外领土进行征服活动的禁令，再次授权完成对美洲的征服。当时，西班牙人已经在危地马拉、尼加拉瓜、巴拿马建立起了主要的城市，在墨西哥和南美洲的大部分地区确立了西班牙的统治地位。然而，很大一部分哥斯达黎加领土地区，除了尼科亚之外，西班牙人仍然没有能够彻底征服。

这一时期，大多数远征队来自美洲的莱昂、格拉纳达、圣萨尔瓦多、危地马拉、梅里达、安特克拉、雷亚尔或墨西哥等地。其中一些远征军的领导人，如胡安·德·卡瓦勇、胡安·德·埃斯特拉达·拉瓦戈·伊阿涅斯、胡安·巴斯克斯·德·科

罗纳多、阿隆索·安古西亚纳·德·甘博亚、贝拉凡·德·里维拉等,都是有权有势贵族家庭的后裔,在上述这些城市担任重要职务。西班牙人对对哥斯达黎加的征服,是占领中美洲的延续。

出生于1524年的胡安·德·卡瓦勇是西班牙律师和军官。1561年1月,胡安·德·卡瓦勇从尼加拉瓜的格拉纳达出发,从陆路前往尼科亚。他穿越瓜纳卡斯特省前往乔梅斯,成为西班牙征服者进入哥斯达黎加的先遣队。在马丘卡和耶稣马利亚河的交汇处,建立起西班牙探险队的营地。当第一路西班牙士兵进入名为“加拉维托山谷”的圣马特奥平原地区时,他们第一次遇到了当地土著印第安韦塔人的抵抗,西班牙士兵们不得不撤退。另一路西班牙征服者在进入哥斯达黎加太平洋沿岸古老的奥罗缇娜时,捕获了哥斯达黎加土著人国王科由切。此后,胡安·德·卡瓦勇带领士兵沿着塔尔科雷斯的格兰德河进入哥斯达黎加的中央山谷地区,在1561年3月建立了哥斯达黎加中央山谷地区的第一个城镇,并以自己在西班牙的故乡卡尔西穆尼奥兹城堡为城市命名。1565年,卡瓦勇出任新西班牙总督,被认为是哥斯达黎加的首位征服者。

胡安·德·卡瓦勇也是第一个把欧洲农作物和猪、马、牛等牲畜带到美洲大陆的西班牙人。因为无法对土著印第安人施行绝对的控制，胡安·德·卡瓦勇必须与西部韦塔联合王国的加拉维托国王交战，以便获得足够的食物供给。当时，加拉维托国王的影响非常大，统治范围从比利亚河到太平洋沿岸的哈口和提拉然，从哥斯达黎加的中央山脉火山一带一直延伸到圣胡安河附近，连他的敌对王国，控制了瓜纳卡斯特的乔罗台卡人都对他异常钦佩。作为印第安韦塔人抵抗西班牙人入侵者的首领和象征性人物，这位加拉维托国王并没有采取直接与西班牙人正面对抗的方式，而是采用游击战术，总是神出鬼没地迅速袭击西班牙入侵者的营地和住所。不久之后，胡安·德·卡瓦勇离开哥斯达黎加，将卡尔西穆尼奥兹城留给了之前已经从太平洋沿岸一侧进入哥斯达黎加的胡安·德·埃斯特拉达·拉瓦戈·伊·阿涅斯。胡安·德·埃斯特拉达·拉瓦戈·伊·阿涅斯管辖了哥斯达黎加全省 10 个月的时间，一直到新的省长被委任为止。

胡安·德·埃斯特拉达·拉瓦戈·伊·阿涅斯是西班牙宗教人士和政治家。1560 年，他从尼加拉瓜湖和圣胡安河出发，沿着哥斯达黎加海岸前往巴拿马，开始了征服哥斯达黎加的第一次探险航行。他带领西班牙人在新迦太基省和哥斯达黎加省的博卡斯·德尔·托罗建立了的奥地利卡斯蒂略市。1562 年起，胡安·德·埃斯特拉达·拉瓦戈·伊·阿涅斯作为新迦太基省和哥斯达黎加省的副市长继续在这里执政。

出生于1523年的胡安·巴斯克斯·德·科罗纳多是尼加拉瓜的省长。1562年,他被任命为哥斯达黎加和新迦太基省长。从1540年起,这位西班牙征服者中的先遣将领,先后参加了西班牙征服中美洲的多次探险。1562年8月18日,他带领远征船从莱昂出发,于9月6日抵达尼科亚。在尼科亚,他召集隶属于尼科亚王国的巴噶斯人、科堂人、萨帕迪人的酋长们开会,以确保他们在进入中央山谷后,能够获得粮食供应。然后,他们在蒂瓦尔斯河的河口登岸,从那里向胡安·德·卡瓦勇留下的西班牙人营地进发,再从陆路前往胡安·德·卡瓦勇建立的卡尔西穆尼奥兹城堡。当时,胡安·巴斯克斯·德·科罗纳多的首要任务是设法平息加拉维托国王领导的叛乱,但始终没有找到加拉维托国王的下落。于是,他召集中央山谷一带其他酋邦的酋长会议,第一个到来的是东部韦塔联合王国的瓜而科国王的大臣阿克塞里酋长。胡安·巴斯克斯·德·科罗纳多热情款待了这位阿克塞里酋长,并与阿克塞里以及尤路斯提和图鲁巴拉酋邦结盟,向克波斯的领土进发。在那里,西班牙人收到了土著部落馈赠的大量黄金礼物。

我在地图中画出的这个坐落在两条河流旁边的山谷……土地上生长着茂盛的小麦和玉米;这里有巴利

亚多利德教堂,肥沃的土壤和湛蓝的天空。我把这座命名为新迦太基市,与新迦太基省同名。

——胡安·巴斯克斯·德·科罗纳多

克波斯地区农产品物产丰富，给西班牙人留下了深刻的印象。他们因此决定把营地设置在克波斯地区,在哥斯达黎加的南太平洋地区开始进一步探险。在那里,西班牙人也遇到了科多人的抵抗,但双方最终达成休战协议。西班牙人返回卡尔西穆尼奥兹城堡。

胡安·巴斯克斯·德·科罗纳多组织的第二次探险不得不面对东部韦塔联合王国瓜而科国王的抵抗。在遭遇土著人的抵抗后,胡安·巴斯克斯·德·科罗纳多与瓜尔科国王的继承人科尔克派来的奇塔奥酋长达成了和解协议。其他一些土著酋长们也都来到卡尔西穆尼奥兹城堡，决定服从西班牙的统治。这些酋邦包括:阿提罗、图里亚尔瓦、奥罗西、普利利西、奇尔科、阿布思以及瓜而科王子科尔克本人。正是通过这种方式,胡安·巴斯克斯·德·科罗纳多成功占领了东部韦塔联合王国(瓜而科山谷)。尽管他仍然不得不继续面对加拉维托国王、齐萨尔科王子、科奇巴兄弟以及土帕卡瓜土司领导下的西部韦塔联合王国的顽强抵抗。

西部韦塔联合王国被征服之后，西班牙人把统治中心转移到瓜而科山谷一带。这里自然风景优美,拥有更好的气候条件。在克里斯河和普利莱斯河之间的地带,胡安·巴斯克斯·德·科罗纳多建立了卡塔戈市。但因为原来建城所在地经常遭到洪水的侵袭，卡塔戈市不久迁往了瓜而科山谷的另一个地点。胡安·巴斯克斯·德·科罗纳多以卡塔戈为据点,再次派出远征队向南太平洋地区进发,但同样遭遇了科多人的顽强抵抗,只能再次返回尼加拉瓜。他在尼加拉瓜,集结了更多的人手,储备了大量的粮食,重新从卡塔戈向塔拉曼卡山脉进发。此行的目的是寻找塔里来河流域著名的阿拉省，那里以拥有哥斯达黎加全国最丰富的黄金储量而闻名四方。到了加勒比地区的阿拉省之后,胡安·巴斯克斯·德·科罗纳多与当地的印第安订立盟约,印第安人允诺不再进攻西班牙人。之后,他们沿着雷文塔松河返回卡塔戈。但是,当他们回到卡塔戈以后,土著人再次举行暴动。面对这样的局面,需要获得西班牙王室的官方支持,胡安·巴斯克斯·德·科罗纳多决定启程前往西班牙。在西班牙,他被任命为哥斯达黎加省长、先锋官、行政总指挥以及全省的警务总长。但是,1565 年，当他率领船队离开加的斯省的圣卢卡尔·德·巴拉梅达向大西洋进发的时候，在安达卢西亚的瓜达齐薇尔河溺亡。他去世后,西班牙士兵开始镇压由乌哈拉斯酋长图里奇科领导的印第安土著人暴动。因此,卡塔戈市在1566年被当地土著人围困。

胡安·巴斯克斯·德·科罗纳多被公认为哥斯达黎加真正的征服者。在与印第安土著人的交往的过程中,他扮演了一个和平使者的角色,赢得了印第安土著人的信任。印第安人开始追随他所带领的西班牙人。他们相互之间用对话而不是暴力的方式建立起信任,在西班牙人和土著印第安人之间搭建起友谊的桥梁。胡安·巴斯克斯·德·科罗纳多非常了解哥斯达黎加领土上的印第安部族。他禁止手下的西班牙士兵在哥斯达黎加领土上对土著人村庄进行劫掠,这使他赢得土著国王及酋长们的支持。

胡安·巴斯克斯·德·科罗纳多亡故后,许多西班牙人选择离开哥斯达黎加领土。1566年到1568年,贝拉凡·德·里维拉受命担任哥斯达黎加省省长。为了控制尼科亚湾附近仍与西班牙人不屈不挠斗争的西部韦塔联合王国的加拉维托国王,贝拉凡·德·里维拉决定在尼科亚湾东海岸建立一个基地,名为阿朗怀兹,并且在巴兰卡河的河口处建立名为里维拉的港口。贝拉凡·德·里维拉还从洪都拉斯带来种牛,在哥斯达黎加当地建立了第一个围栏养牛场。这为哥斯达黎加在16世纪成为畜牧业发达地区奠定了基础。1569年,贝拉凡·德·里维拉将土著印第安人编入委托监护中心,让

他们从事农业耕作,从农业耕作中获得收成和经济补偿。他还将土地分配给居住在卡塔戈和阿朗怀兹定居的西班牙人,从而开始了殖民运动。

事实上,根据1542年颁布的法律规定,只有西班牙王室有权根据国家财富的状况进行土地分派。贝拉凡·德·里维拉推行的委托监护和土地分派在某种程度上带有非法性质。然而,这是解决土地上的定居者难以稳定下来这一问题的有效途径。这样就可以解决殖民者面临的问题,避免每次完成征服任务后,征服者随着新的领导者离开被征服的地区,进入新的地区。这一举措,最终为中央山谷的西班牙殖民化发展开辟了道路。然而,由于贝拉凡·德·里维拉刚刚进入哥斯达黎加开拓不久,他获得的土地很大一部分仍然属于没有屈服的印第安土著人,他只能前往星星山谷寻找新的领土,以建立新的人口定居点。由于遭到土著酋邦的坚决反对和顽强抵抗,贝拉凡·德·里维拉对星星山谷的开拓最终以失败告终。于是,他决定越过塔拉曼卡山脉,从太平洋沿岸进入了布里卡人的酋邦,并在特拉巴的格兰德河畔建立了耶稣城。由于要穿越茂密的原始丛林,不断地与饥饿抗争,恶劣的自然条件,当地人的顽强抵抗,加上难以获得西班牙王室的支持,普通士兵们缺乏动力等诸多原因,这个新建城市的寿命非常短暂。1572年,很多西班牙士兵因此丧命，贝拉凡·德·里维拉也失去了妻子和儿子。他离开耶稣城回到卡塔戈，不久又搬到位于现今哥斯达黎加圣何塞市西部的马塔雷登达，耶稣城逐渐被大家所淡忘。1573 年，贝拉凡·德·里维拉离开哥斯达黎加。

第四节　16 世纪 70 年代西班牙人对哥斯达黎加的征服(1570—1575)

从 1520 年开始，在征服的第一阶段，尼科亚已经在西班牙人的统治之下。然而，直到西班牙征服时期的尾声，哥斯达黎加南部和北部的平原地区的土著居民，仍然设法避开了西班牙人的殖民统治，他们的生活方式和传统信仰被保存了下来，成为当地土著印第安人在艰难的抵抗过程中设法获得的避难区。

16 世纪 70 年代，随着哥斯达黎加正式建省，大部分地区被置于西班牙人的殖民统治之下。到 1570 年左右，西班牙人通过将瓜尔科山谷的印第安人分配到不同的耕地进行耕作，基本实现了对中央山谷的有效殖民。当时，卡塔戈城还是一个只有 40 名西班牙士兵驻守的营地。在今天哥斯达黎加卡尔德拉港附近的阿朗怀兹，西班牙人也建起永久性

定居点。

据估计，1502 年哥伦布到达之前，哥斯达黎加的土著人口约 40 万。这些居住在哥斯达黎加领土各地的部落和酋邦的土著印第安人，广泛开展狩猎、捕鱼、种植、收割、冶金、陶瓷、石刻、玉刻等活动，商贸往来频繁。但从 16 世纪西班牙人开始探险和征服之初，战争、疫病和奴役就开始使土著人口骤减。从 16 世纪中叶开始，西班牙王室对印第安土著人和西班牙人实行严格的隔离政策。这意味着居住着西班牙人的哥斯达黎加省卡塔戈等城镇与印第安土著人城镇的分离。到了在 16 世纪 60 年代，哥斯达黎加土著人口总数已经减少至大约 12 万。半个世纪后的 1611 年，经证实，锐减的哥斯达黎加印第安人人口勉强达到 1 万左右，印第安土著人城镇的总数只剩下 30 个左右。两个世纪后，由于印第安人口持续显著下降，哥斯达黎加省仅剩下 10 个土著人城镇。

从自然地理位置的角度上看，哥斯达黎加省中央山谷地区，是波浪起伏的平原丘陵地带，山丘和河流点缀其间，周围环绕着连绵的群山。该地北部和东部直抵火山脚下，西部和南部被绵延的山脊阻断。中央山谷 2700 平方千米的面积约占哥斯达黎加国土总面积的 6%左右。哥斯达黎加省向北延伸至圣胡安河、尼加拉瓜湖和萨尔托河。守护中央山谷的伊拉苏火山一路延伸至北部，直抵尼加拉瓜边境。在山脉的东面,广阔的低洼平原延展开来。哥斯达黎加属于热带地区,平原常年被茂密的热带雨林覆盖,丰沛的河水汇入加勒比海。东南海岸沿途呈现出更加狭窄的带状地貌,延伸至巴拿马边境。中央山谷的南端耸立着一片宽阔的高地,称为塔拉曼卡山脉,隆起的山峰延伸至巴拿马边境。在山脉的两侧形成了相对开阔的谷地。到16世纪末,哥斯达黎加省的建筑风貌良好,一直保存数个世纪。西班牙人的主要聚居点卡塔戈,也是哥斯达黎加省的首府和统治者所在地,在它的附近有少量印第安人定居的土著居民村落。

从政治经济军事的角度上看，哥斯达黎加省隶属危地马拉都督辖区，宗教上遵从尼加拉瓜大主教的管辖。自1564年起,教会听从方济会的号令。对危地马拉的统治者而言,哥斯达黎加不过是南部一个遥远的边界。哥斯达黎加省从很早开始，就建立了稳定的巴拿马至波尔托贝洛的航线,正是这条线路使秘鲁矿场的珍贵金属源源不断地运出。从加勒比海岸的苏尔雷、波尔托贝洛,太平洋沿岸的卡尔德拉出发,单桅帆船和其他船只装载粮食和补给,运出美洲的矿产资源,带回欧洲的布料、武器和工具等货物。1601年,一条从尼加拉瓜开始的骡马之路,途经瓜那卡斯特,穿越中央山谷,沿太平洋海岸而下,船运航线可以一直到达巴拿马城。尽管17世纪后,随着波托西的矿产产量开始枯竭,商贸

往来下降,但骡马之路一直维持至1738年。

西班牙殖民时期之初,哥斯达黎加主要的社会阶层包括如下:殖民者是整个社会的最上层精英,包括贵族、军人、官员、商人、传教士等;处于社会最底层的是大量被奴役的印第安人,在疾病肆虐和资源开采的双重影响下,人口数量急速下降。为了西班牙国家和殖民精英的利益,由王室官员负责规定印第安人应该上缴的赋税和履行的劳役。对印第安人而言,酋长和王子是重要的中间人。他们组织印第安群众,负责纳贡缴税。从西班牙人的角度出发,天主教确保了印第安人的平和顺从。在所有上述阶层人物之上,是万里之外的最高统治者,包括西班牙本土的国王、主教、法官、军官等。

总之,16世纪的哥斯达黎加省,在被发现和被征服的过程中,展现了几乎所有典型西班牙美洲殖民社会的特征。在接下来的殖民统治时期,一个特征更加显著的哥斯达黎加呈现在世人的面前。

第三章

从殖民社会(1575—1821)到哥斯达黎加独立国家形成(1821—1849)

第一节　西班牙殖民时期的哥斯达黎加社会(1575—1821)

1566年至1568年，贝拉凡·德·里维拉担任哥斯达黎加省长期间推行土地分派和经济托管政策，在某种程度上解决了西班牙在征服印第安人之后，难以在管控土地上积聚定居人口的难题，客观上把西班牙带入了在哥斯达黎加殖民化的进程。1573年，贝拉凡·德·里维拉离开哥斯达黎加后，阿隆索·安古西亚纳·德·甘博亚被派到哥斯达黎加担任临时省长。他的到来带来了一系列深层的变革，标志着从哥斯达黎加从被征服时期逐步进入领土殖民化时代。

阿隆索·安古西亚纳·德·甘博亚16世纪中叶出生在西班牙卡斯蒂利亚地区，是哥斯达黎加的西班牙征服者之一。1573年10月10日，他被西班牙王家危地马拉都督辖区都督佩德罗·德·比利亚洛沃斯·伊·菲利佩任命为哥斯达黎加省临时总督。到任后的最先几个月时间里，阿隆索·安古西亚纳·德·甘博亚集中力量制服了东部韦塔联合王国，迫使国王科尔克带领臣民投降，接受西班牙人的统治。阿隆索·安古西亚纳·德·甘博亚将图库里克地区分派给科尔克国王管理,规定他们定期向西班牙统治者缴纳赋税。接着,他又亲率队伍征服了加拉维托国王的西部韦塔联合王国,用同样的方法将他和他的臣民安置在圣卡塔利娜·德·加拉维托镇。此后,这两位哥斯达黎加重要的印第安土著国王,先后接受了天主教洗礼,他们的臣民成为上述两个地区稳固的定居人口。

1574 年,阿隆索·安古西亚纳·德·甘博亚在哥斯达黎加的太平洋沿岸建立了圣灵城。这一城市后来被继任者迭戈·德·阿尔铁达·奇里诺·伊·乌科莱斯更名为埃斯帕扎。同年,阿隆索·安古西亚纳·德·甘博亚将迦太基市从位于提利比河与达马斯河的交汇处迁到了现今哥斯达黎加的瓜而科山谷所在的位置。

从 1573 年上任,到 1577 年他离开哥斯达黎加省期间,阿隆索·安古西亚纳·德·甘博亚继续推行贝拉凡·德·里维拉开创的土地分派和委托监护制度,加之降服了一直难以征服的加拉维托国王统治下的西部韦塔联合王国,使得西班牙殖民者在哥斯达黎加所控制的疆域幅员更加辽阔。而且,他根据实际状况,把最重要的城市卡塔戈和圣灵城,重新选址安置到今日所在的地方,进一步改善了城市的地理位置和自然条件。

在殖民地的首府卡塔戈城附近,新的土著和殖民家庭

开始定居下来。此后,阿隆索·安古西亚纳·德·甘博亚又将巴拿马城确定为哥斯达黎加省的主要港口，允许各个属地的定居者通过卡尔德拉港进行交换和贸易活动，西班牙殖民者的贸易体系建立起来并逐渐得到巩固。通过进贡赋税的分封管理方式，西班牙统治者可以对土著印第安人出产的货品实行垄断。同时,受封的地方管理者也逐步成为当地群体中占据主导作用的社会阶层。

在哥斯达黎加省定居城镇中，西班牙殖民者最早设立的地方性政府行政部门称为市政厅。这是一个集体商议并进行决策地方管理事务的组织,形式上与委员会相类似。通常,在西班牙人新占领的地区,西班牙王室对官员的正式任命无法及时下达。在这种情况下，市政厅作为地方权力机构,就担当起了管理当地所有事务的功能和职责。

由西班牙王室派驻在新大陆殖民地的第一批管理者，大多因为之前直接参与了探险和征服活动，直接获得海外殖民地的总督职位。这批统治者在所掌管的领土上拥有的权力几乎是无限，导致西班牙王室无法对他们进行有效的管控。通过市政厅这种新的行政管理模式,西班牙王室可以帮助由王家任命的官员从殖民地的首任长官和市政官员的手中,逐渐分离并削减过分集中的权力,可以巩固西班牙王室对新殖民领土的实际控制。

在哥斯达黎加省首府卡塔戈市，上一章已经介绍过的胡安·巴斯克斯·德·科罗纳多是早期美洲发现初期拥有最高权力的统治者。此后的市长皆由西班牙国王任命，国王亦可根据自己的意愿进行任免。市长在所管辖的领土范围内，拥有政治和司法的权力。当时，哥斯达黎加政府(也称为哥斯达黎加省)以新卡塔戈市和1540年的贝拉瓜政府为基础建立，掌控的领土范围从太平洋海岸的坦姆皮斯克河和加勒比海北部的圣胡安河流经的两河区域，延伸到加勒比海岸边的博卡斯·德尔·托罗的贝拉瓜岛，直到太平洋的奇里基河。尽管有如此广阔的区域，但西班牙定居者在卡塔戈和埃斯帕扎实际控制的最主要区域，还是集中在中央山谷和较为干燥的太平洋地区。

当时，王家危地马拉都督辖区是更高级别也是更大范围的行政区划，首府位于危地马拉的圣地亚哥。危地马拉隶属于新西班牙总督，独立于墨西哥之外。设有危地马拉都督的职位，直接听从西班牙国王和西班牙西印度理事会的命令。因此，危地马拉大区的都督也被称为危地马拉大区总统领。下辖的领土包括恰帕斯、危地马拉、萨尔瓦多、洪都拉斯、尼加拉瓜、尼科亚和哥斯达黎加。而哥斯达黎加只是皇家危地马拉督都督辖区的一个部分。

在近三百年的时间里，哥斯达黎加作为危地马拉都督

辖区的一个部分由本地的军事长官进行管理。历史上,因为在其境内发现了黄金等贵重沉积矿，这里被乐观地命名为“富饶的海岸”。但是,当西班牙殖民者发现哥斯达黎加并非如他们想象的那样富藏黄金的时候，殖民者们开始热衷于开拓美洲其他更加富有的地区，哥斯达黎加这片领土则被划定为专门发展农业的地区。

在哥斯达黎加的大多数定居点，因地形地势及历史等因素,土地被划割成一个个小片土地,大多由相对贫穷的克里奥尔人和天主教、犹太教混血的后裔们持有。哥斯达黎加的人口种族相对比较单一,本土劳动力匮乏。加之其所处的地理位置以及被安第斯山脉阻隔的与北美洲之间的交流，在某种程度上,哥斯达黎加与美洲其他地区相比,社会发展的单一性趋同特点非常明显。18世纪末,在农业发展的大背景下，危地马拉都督辖区的官员们才注意到哥斯达黎加这一地区,开始在这里推广烟草种植,烟草因此成为哥斯达黎加一种重要的出口产品。烟草的大量出口,为建设相对繁荣的哥斯达黎加社会创造了一定的条件。在同一时期,咖啡的种植面积也日趋扩大，咖啡因此也成了哥斯达黎加重要的出口产品。

1573年,加拉维托国王领导的西部韦塔联合王国被统治者阿隆索·安古西亚纳·德·甘博亚消灭。在他建立的卡塔戈市和圣灵城的定居点内，当地主要居民大多从事农业耕种。尼科亚地区因殖民者对其养牛业依赖,在那里设立了一个较大规模的市政厅,主要为尼加拉瓜省输送肉类。这一时期，哥斯达黎加省的疆域向西北分别扩展到滕皮斯克河和尼加拉瓜圣胡安河右岸；向东南延伸到博卡斯·德尔·托罗贝拉瓜岛,直抵太平洋边的奇里基河。而实际上,西班牙人主要的活动范围和实际掌控的区域要小一些，主要在中央山谷、干燥的太平洋沿岸地区,以及从雷文塔松河谷到加勒比中部和南太平洋的一部分。塔拉曼卡地区、南太平洋地区和今日哥斯达黎加圣卡洛斯所在的北部平原，因其相对难以进入,西班牙殖民当局对控制这些地区的兴趣不高,这些地方事实上成了印第安土著民及其文化的避难所。1570 年至 1581 年之间,在哥斯达黎加省先后建立起主要有土著印第安人居住的乡镇，西班牙统治者任命的镇长以及方济各会的修士负责管理这些乡镇的行政和宗教事务。

在经济方面,哥斯达黎加全省经历了如下发展阶段：

到 1610 年左右的缴纳实物赋税的时期。这一经济时期，生活在大小农庄的印第安农民受雇于由殖民者认可的印第安首领,定期向西班牙人缴纳农作物作为赋税;主要以实物进行缴纳。

1590 至 1680 年的农作物输出时期。经济上,主要通过

前哥伦布时期就存在的古骡马之路,向外输送玉米、小麦、面粉、蛋糕、油脂、猪、鸡等农产品。这是一条从中央山谷出发,途经瓜那卡斯特,下至太平洋沿岸巴拿马城的运输路线。

1650 至 1750 年期间的经济产业，主要是从埃斯帕扎和瓜那卡斯特向格拉纳达和莱昂输送牲畜和肉类产品。

1727 至 1747 年的可可经济阶段。这一时期,在哥斯达黎加的马蒂纳山谷,陆续出现了大批可可种植园。可可的收成和销售被西班牙人完全垄断。但一些英国和荷兰商人进行的可可非法走私贸易,在某种程度上,在西班牙人的绝对垄断之下撕开了一道口子。

1787 至 1792 年的烟草经济时期。当时哥斯达黎加的烟草种植主要集中在中央山谷地区，为这一地区的圣何塞城和埃雷迪亚城的崛起创造了条件。1766 年,尼加拉瓜批准销售在哥斯达黎加省出产的烟草，进一步扩大了销售范围。1781 年,哥斯达黎加建立了自己的烟草加工厂。圣何塞的烟草工厂在 1787 年至 1792 年间，享有直供尼加拉瓜和格拉纳达市场的特权,实质上垄断了本地的烟草行业,供应范围覆盖整个危地马拉都督辖区的市场。

这些经济和商贸活动刺激并促进了哥斯达黎加的农业生产和农产品输出,在某种程度上,有助于商业资本的积累以及新型企业在哥斯达黎加的发展。

在西班牙征服和殖民时期，由于西班牙人对土著人发动连绵不断的战争，也由于从欧洲输入的疾病等因素，哥斯达黎加土著印第安人口数量不断下降。少数存活下来的印第安人，被迫成为西班牙殖民者奴役的对象。历史上，曾发生过几次著名的印第安人暴动，包括1610年塔拉曼卡的圣地亚哥城大火事件和1678年乌里纳马人暴动等。其中最著名的是1709年由巴布罗·普莱斯贝雷领导的印第安土著人暴动。巴布罗·普莱斯贝雷召集起内陆地区的印第安土著王国，从殖民者手中夺回土地，一度曾经在塔拉曼卡地区恢复了土著王国的领土主权。另外，自17世纪起，哥斯达黎加也不断受到来自洪都拉斯和尼加拉瓜大西洋沿岸海盗入侵的困扰，莫斯基托王国的海盗分别在1666年、1676年、1681年、1687年、1742年、1747年从大西洋沿岸发起进攻；1681年、1685年、1686年又从太平洋沿岸侵袭。这些因素综合在一起，使得哥斯达黎加的人口数量急剧下降，迫使西班牙统治者不得不在1680年至1690年间，从非洲输入大量的黑人劳工，以补充可可种植园劳动力的严重不足。

据1778年一项由西班牙政府进行的人口普查数据显示，哥斯达黎加地区的人口种族构成，包括12%的印第安土著人，18%的黑色人种或黑白混血人，60%的白人和印第安混血，10%的西班牙人。从社会分工的角度上看，农民和商

人占据哥斯达黎加人口的主要部分。文化上,既有融入了非洲血统的克里奥尔文化,也有土著文化元素。

到1800年左右,哥斯达黎加的总人口数为5万。受到没有足够劳动力人口来源、热带地区疾病、崎岖的山路和沼泽地、矿业资源规模缩小、出产有限等诸多因素的制约,哥斯达黎加在经济上面临着较为严重的局限性,西班牙在这一地区的殖民化进程发展异常缓慢。当时,哥斯达黎加是新西班牙地区最南端、也是最贫穷的省份。甚至到了殖民时代的后期,哥斯达黎加仍呈现出两个社会共存的状态:西班牙殖民者主要集中在中央山谷、加勒比中部和太平洋中南部一带;而塔拉曼卡、瓜图索斯平原和南太平洋部分地区则属于殖民者一直无法征服的土著人地区。

第二节　哥斯达黎加独立(1821)

哥斯达黎加获得独立时,还是隶属于危地马拉都督辖区的一个省。与其他美洲国家在争取独立的进程当中,同西班牙殖民者进行了激烈的战斗相比,中美洲国家的独立过程是相对平和的。这其中有诸多的因素,主要包括:欧洲启蒙运动对当时人们思想的启迪;废除了不平等特权的法国大革命的影响;北美洲美利坚合众国的成功独立;伊比利亚半岛上西班牙本土的社会政治变化,等等。其中法国入侵西班牙,使得西班牙人无暇顾及远在中美洲的殖民地是其中的主要因素之一。

1808年,拿破仑·波拿巴统治下的法国入侵西班牙。在拿破仑的逼迫下,西班牙国王卡洛斯四世被迫让位于其子费尔南多七世。不久,费尔南多七世被废黜,由波旁王朝的约瑟夫·波拿巴取而代之,加冕约瑟夫一世。这在西班牙所在的伊比利亚半岛引起了政治上的混乱。当法国侵略者将战火燃到西班牙时,西班牙不同阶层的各界人士群起反抗法国入侵者。他们拒绝承认新的君主,抵抗组织共同组建了西班牙反法地下政府。1810年9月24日,西班牙颁布了关于国家主权、权力分配、平等合法、新闻自由的法令,奠定了民主国家的法律基础,标志着旧政权的终结。

从另一个角度上讲,西班牙在反抗法国入侵时,在中美洲各个地区出现了权力的真空,这也是西班牙海外殖民地新时代的开端。1812年西班牙的宪法颁布后,在整个美洲产生了强烈反响。1811年11月5日,中美洲的第一次独立运动发生,由神父何塞·马蒂亚斯·德尔加多和尼古拉斯·阿吉拉尔领导的人们试图秘密夺取西班牙殖民者存放在圣萨尔瓦多兵营的武器。此后,又接连发生了尼加拉瓜叛乱,1813年新危地马拉克里奥尔人对殖民当局发动伯利恒阴

谋,1814年至1821年又发动一系列争取独立的运动。虽然这些独立运动都以失败告终，但从宗主国西班牙获得独立的思想已经根植于中美洲人民的心中。1821年9月15日，危地马拉都督辖区的殖民当局与开明的克里奥尔人及美洲宗教领袖等各方人士共议前程，最终做出结束西班牙对危地马拉都督辖区的殖民统治的决定。获得独立的中美洲领土包括:今日危地马拉、洪都拉斯、萨尔瓦多、尼加拉瓜和哥斯达黎加共和国,以及恰帕斯州所在的地区。

1821年10月13日,当危地马拉都督辖区从西班牙帝国中独立的决议传到哥斯达黎加省首府卡塔戈市的时候,令当地人颇感惊讶，其中也包括时任哥斯达黎加省长的胡安·曼努埃尔·德·卡尼亚斯上尉。随着危地马拉都督辖区独立的消息一起到达的,还有1821年9月16日由何塞·塞西里奥·德尔·巴耶起草,都督加比诺·盖恩萨签署的独立文件。此后,另一份于1821年9月28日在尼加拉瓜的莱昂市由大主教尼古拉斯·加尔西亚·埃雷兹和尼加拉瓜议会参与制定的“阴云法案”的文件也送达了哥斯达黎加省。在这份文件中,他们表达了对9月16日中美洲独立法案所持的立场，表示对哥斯达黎加省所属的危地马拉当局在莱昂市做出的决议并不赞同，并要求哥斯达黎加人静观事态的发展,“直到天空中的阴云散去”,西班牙人再次恢复对这里的统治。

独立的消息在哥斯达黎加省的人民当中不仅引起了困惑,随之而来的当然还有喜悦。因为,当时的哥斯达黎加省的经济基础异常薄弱，是西班牙帝国危地马拉都督辖区所有成员中最落后、最贫穷的省份,仅向巴拿马和尼加拉瓜输出非常有限的农产品,居住在危地马拉的殖民当局几乎“忘记”了它的存在,想不起那些居住在遥远的中央山谷、太平洋和加勒比海中南部“小村庄”里稀少的5万居民。此外,当时哥斯达黎加的经济一直被局限在小型的单一性生产活动之内,无法建立重要的生产活动,因此也与外部世界的市场异常疏离。在某种程度上,当时的哥斯达黎加缺乏稳定的物质经济基础，因此也无法确保人们可以正常地进行生产和劳作。

当时的哥斯达黎加,在艺术、医疗、文化、教育、基础设施等方面的发展几乎为零。除了少部分居住在卡塔戈的拥有作物农场和牲畜养殖场的西班牙人后裔外，绝大多数的当地人口,生活在极其贫困的状态之中。整个哥斯达黎加社会呈现出非常巨大的社会等级差距和贫富落差。在医疗卫生领域,整个哥斯达黎加省没有医院、药房,也不存在医生和药剂师，患病的人只能求助于并不识字也无法阅读的民间诊疗人员。当危地马拉和尼加拉瓜等其他省份,已经拥有当地的大学的时候,与之形成鲜明对比的是,直到1814年,

哥斯达黎加才在圣何塞市设立第一所小学，名为圣托马斯学堂。

在政治上，当时的哥斯达黎加由隶属于西班牙殖民政府的保守派人士统辖,是一个保守型落后的社会。政治上持有不同政见的人士,大多居住在圣何塞,但是仍然没有足够的力量走到政治舞台的前台。从西班牙帝国中获得独立的消息在哥斯达黎加引发了政治辩论，辩论主要围绕几个基本问题展开:如何建立新的政治组织,如何构建内部和外部的安全机制,如何建设与外部世界接轨的市场,如何开展本民族的国家建设,如何设立国家机器?国家机器应该掌握在什么人手中,等等。民族独立意味着与过去的殖民体制的根本性决裂,但如果掌握政权的还是由牧师、商人、军人、官僚组成的保守派以及旧殖民秩序的支持者，哥斯达黎加人就无法直接进入国家统治的精英阶层，只能间接地被动接受保守的政权机构产生任何联系模式。新的形势为哥斯达黎加人带来了新的选择和挑战,在他们心中,独立应该代表着新型社会关系的形成。

哥斯达黎加时任省长胡安·曼努埃尔·德·卡尼亚斯接到两份从危地马拉都督辖区下达的官方文件后，决定召集地区主要的民事和宗教管理层，与地区的民众一起在首府卡塔戈市的主广场商议未来。胡安·曼努埃尔·德·卡尼亚斯向大家通报了危地马拉都督辖区发布的独立宣言，同时传达了告诫尼加拉瓜和哥斯达黎加人暂时等待西班牙消息的“阴云法案”的内容。同时,他将危地马拉制宪议会邀请大区下辖的各省政府，派代表组成新独立政府国会并共同起草政治宪法的决议广布四方。

最初，在省长胡安·曼努埃尔·德·卡尼亚斯的影响下，当时哥斯达黎加省的卡塔戈市、圣何塞城和埃雷迪亚城等主要城市的议员们决定遵循“阴云法案”。然而,不久之后，各个主要城市的态度出现了不一致。其中,卡塔戈市政委员会的议员们在1821年10月15日经过商议,决定推翻之前达成的决议，通过了暂时不承诺参与危地马拉独立政府和莱昂殖民统治政府任何一方活动的决议。圣何塞城市议会决定同意卡塔戈市做出的决定，但建议哥斯达黎加省组建一个临时政府,负责公共事务和公民安全。除埃雷迪亚城之外，这项提议被当时哥斯达黎加省的其他市政委员会所接受，埃雷迪亚城仍然主张坚持拥护莱昂市保持殖民政权统治的决定。

在这样的背景下，当时哥斯达黎加省形成了两股政治派别。其中的一派认为,由各个地方的市政委员会指定的代表,并非是经过民众民意选举产生,因此无权决定哪一种政权体系更加适合哥斯达黎加。这一派别的主要领导者是从

尼加拉瓜省来到哥斯达黎加的学者拉法埃尔·弗朗西斯科·奥赛霍。而由何塞·桑托斯·隆巴多领导的另一派别则坚称,各个地方委员会完全有权力代表大家做出决策。最终,拉法埃尔·弗朗西斯科·奥赛霍的主张取得了胜利。1821 年 10 月 29 日,政府委员会扩大会议在哥斯达黎加省府迦卡塔戈市的市政厅召开。会上宣读了哥斯达黎加从西班牙殖民统治中独立的宣言,但同时,会议决定哥斯达黎加将遵守独立的奥古斯丁·德·伊图尔维德领导的墨西哥帝国宪法和法律,因为他们坚信“这个宪法和法案能够给哥斯达黎加省的民众带来真正的利益和福祉”。1821 年 11 月 12 日,哥斯达黎加省召开了省政府民事委员会大会,颁布了哥斯达黎加第一部政治宪法,称为“协和条约”。1821 年 12 月 1 日这部宪法正式生效。与独立的墨西哥帝国结盟得到了卡塔戈市和埃雷迪亚城保守势力的支持,但圣何塞城和阿拉胡埃拉市的自由党则主张哥斯达黎加应该完全独立,不应依附任何联盟。宣誓效忠奥古斯丁·德·伊图尔维德法案的决议被以各种借口推迟,最终未能实现。因此,两派势力之间在 1823 年发生了军事对峙。

第三节　哥斯达黎加国家的逐步形成（1821—1849）

概括起来，哥斯达黎加国家逐步形成的过程中，经历了四个主要的历史阶段：

第一阶段，1821 年到 1825 年之间，是哥斯达黎加从殖民统治独立到国家形成的最初阶段。在此期间，全国大部分地区参与了新型社会的组织构建，各种社会力量共同组成了哥斯达黎加政府。这一时期重要的历史事件有：1821 年颁布了哥斯达黎加的第一部政治宪法“协和条约”；1823 年哥斯达黎加爆发第一次内战，此后，哥斯达黎加成为中美洲联邦共和国的一部分。

第二阶段，1825 年到 1835 年之间，是国家的不同社会阶层之间激烈的权力争斗时期。宗教神职人员、军队将领、民间人士、拥护帝国和倡议共和的人士，在哥斯达黎加政治舞台上互不相让。这一时期，恰逢哥斯达黎加第一任国家元首胡安·莫拉·费尔南德斯执政。凭借娴熟的政治经验和高超的管理技巧，这位领袖避免了哥斯达黎加政府权力的土崩瓦解，促使各派势力共同组成哥斯达黎加的权力核心。但

此后,中央山谷地区的圣何塞城、埃雷迪亚城、阿拉胡埃拉市和卡塔戈市四个主要城市中,一直存在着在哥斯达黎加社会政治中占据主导地位的大家族,他们在强烈的区域主义思想驱使下,谋求各自所在地区的权力、扩大本地区影响,不可避免地导致了政府权力的支离破碎。这一阶段的重要历史事件包括:国家银行、立法议会、最高法院、市政委员会等重要的国家机构成立;哥斯达黎加脱离中美洲联邦共和国自治;兼并尼科亚地区。这一历史阶段以哥斯达黎加第二次内战——联盟战争落下帷幕。

第三阶段,1835年到1842年之间,恰逢布劳略·卡里约·科里纳政府执政。这一时期的特点是:国家权力逐步集中,宗教力量渐渐从国家权力中退出,军队将领的政治势力开始崛起。在这一阶段,联盟战争以圣何塞城最终被确定为哥斯达黎加首都而结束;1838年哥斯达黎加与中美洲联邦共和国分离;哥斯达黎加的第一个民事和刑事法典颁布;财产私有化推动了咖啡经济,咖啡产业成为国民经济的引擎。在这一阶段后期,弗朗西斯科·莫拉桑于1842年推翻了布劳略·卡里约·科里纳的政权。

第四阶段,1842年到1849年之间,是哥斯达黎加政治局势极其不稳定的历史时期。在这一阶段,军队将领的政治权力不断加强和巩固,最终使得军事力量不仅成为这个时期，而且成为整个19世纪哥斯达黎加社会最重要的权力体。在此期间，国家发生了3次政变，两任政府先后辞职；包括宣布哥斯达黎加为共和国的1848年宪法在内，陆续有4部国家宪法问世。此外，19世纪40年代也是哥斯达黎加经济开始腾飞的历史时期，咖啡经济最终成为将哥斯达黎加纳入全球市场的推进器。垄断咖啡贸易的哥斯达黎加寡头集团中的精英力量由此开始出现在国家的政治舞台上，夺取政治权力，扩大政治影响。这一时期随着1849年胡安·拉法埃尔·莫拉·波拉斯政府掌权而结束。

1821年到1825年的历史阶段

1821年确认了民族独立后，哥斯达黎加社会在经济和政治两方面都面临着基本性问题，有待妥善地加以解决。突然而至的民族独立，令殖民当局和社会力量皆感意外。每个人都因此行动了起来，重新定义社会空间和政治权力的架构。

在这一历史阶段，宗教神职人员担任公职、参政议政的情况非常普遍。1821年11月，从殖民统治获得独立的两个月之后，为了能够从宗主国顺利接管政府，在首府卡塔戈城成立了代表各个地区的第一政务委员会，主持第一政务委员会的就是尼古拉斯·卡里约·伊·阿吉雷长老，政府第一临时委员的成员是内雷奥·丰塞卡长老和佩德罗·何塞·德·阿

尔瓦拉多神父。在1824年哥斯达黎加第一届立法会议上，11名正式代表中有4名是宗教神职人员，4名候补代表中，也有1名是神父。

除了宗教神职人员外，商人、企业主和知识分子在政府中所占的比例也较为突出。如：拉斐尔·德·加列戈斯、胡安·莫拉·费尔南德斯、拉斐尔·巴雷奥塔·伊·卡斯蒂利亚、圣地亚哥·波尼亚、格里高利·何塞·拉米雷斯等商人和企业主代表；拉斐尔·弗朗西斯科·奥斯霍、何塞·桑托斯·隆巴多、胡安·桑托斯·马德里兹等则是知识分子的代表。军界当中，弗洛伦蒂诺·阿尔法罗·萨莫拉和安东尼奥·平托·苏亚雷斯等人开始脱颖而出。

这一时期最重要的两件国家大事是：在民众的广泛参与下，国家制定了哥斯达黎加政治宪法，成立了两个政府委员会。随着反对旧殖民秩序，倡议共和制立场在政府各派中的呼声日渐高涨，引发了哥斯达黎加第一次内战。内战后，人们开始重建共和政体。

1821年12月1日，哥斯达黎加第一部政治宪法“协和条约”正式生效。正如在拉丁美洲其他国家所发生的那样，在制定这部于1821年颁布的称为“协和条约”的哥斯达黎加第一部政治宪法的过程当中，主要参照了1812年由加的斯制宪大会颁布的西班牙宪法的模式。

> 哥斯达黎加省拥有绝对的自由，并拥有组成新形式政府的专属权利。哥斯达黎加省将建成适合本国的国家权力，既不隶属于西班牙政府也不隶属于任何一个美洲国家。
>
> ——“协和条约”第一条,1821 年 12 月 1 日

民族独立，标志着各派之间关于政治权力的大辩论开始了。在很大程度上,这与 1821 年 10 月开始的社会政治结构的重组,有着诸多相似之处。独立意味着哥斯达黎加不仅仅是一个独立的政体,也是由卡塔戈市,圣何塞城,埃雷迪亚城和阿拉胡埃拉市这四个主要城市共同组成，但同时各个城市又相互竞争的主权国家。对于哥斯达黎加的未来,这几个城市中的每一个市政议会，都从自身利益出发制定了发展计划。卡塔戈市作为殖民地时期的首都,认为自己的城市在参与西班牙当局的管理过程中,奠定了各种政治条件,城市的状况更加便于全盘接手国家政治。埃雷迪亚市则认为自己与哥斯达黎加省其他地方有着非常大的差别，已经从哥斯达黎加省分离出来，直接归属于危地马拉制宪议会的莱昂城管辖之下。而在圣何塞城和阿拉胡埃拉市,共和和自由主义思想已经占据主导地位，正在寻求政治上的完全

独立,不依附于任何其他国家或地区。与位于中央谷地的上述这些城市的政治态度相反,在埃斯帕扎城所在的蓬塔雷纳斯地区、以玛蒂娜城为代表的利蒙地区,人们并没有卷入权力纷争的政治游戏中来。尼科亚地区,即现今的瓜纳卡斯特省还是一个独立的政治群体。

尽管各方政见不一,面对已经获得独立的新的现实,哥斯达黎加人还是肩负起了建立自己国家最基本政治体系的历史使命。参照了1812年颁布的加的斯宪法的模式,1812年11月,四个主要城市的政务议会派代表,同聚卡塔戈市,组成第一届人民代表委员会,任命尼古拉斯·卡里约·伊·阿吉雷长老为委员会主席。委员会下属的执行委员会负责起草哥斯达黎加的第一部政治宪法——哥斯达黎加临时基本条约,也称“协和条约”。执行委员会的5名成员是:自由派的胡安·莫拉·费尔南德斯和胡安·桑托斯·马德里兹,以及保守派的何塞·桑托斯·隆巴多、华金·德·伊格莱西亚斯·维达玛特和拉斐尔·巴雷奥塔·伊·卡斯蒂利亚。

“协和条约”明确了哥斯达黎加拥有确定自己国家政府体制和政治形式的绝对权力,由最高执政委员会负责国家的管理。条约承认了哥斯达黎加民众所拥有的自由权利,废除了奴隶制,宣布贸易自由。然而,条约规定,中央山谷的四个城市采取相互轮转制度,轮流作为政治首都,这直接刺激了卡塔戈与圣何塞城之间的相互抗衡。这个名为“协和”的条约，原本是希望在四个重要的城市之间营造一种宁静和联合的氛围。但现实的情况是，虽然这个“协和条约”在某种程度上推迟了竞争城市之间发生分裂的政治局面，但也只是在短时间内遏制了即将发生的对抗。

尽管签署了“协和条约”，但中央山谷四个城市之间相互缺乏信任，各自的地方主义势力日渐高涨，导致每个城市都开始为了捍卫自己的利益而各行其是。哥斯达黎加的卡塔戈市政委员会决定，自 1821 年 12 月起，并入从新西班牙独立出来的墨西哥第一帝国，拥戴帝国高级管理委员会的统治，并在帝国宪法上被确定了下来。为了建立新的政府，圣何塞城和阿拉胡埃拉市决定暂时支持这项协议，但是他们反对并入任何一方，支持完全的共和独立。另一方面，埃雷迪亚城则主张投向尼加拉瓜的莱昂政权。当时，莱昂政权正威胁要派兵入侵哥斯达黎加。在墨西哥，奥古斯丁·德·伊图尔维德称帝，并邀请危地马拉政权加入了帝国，为此，他还派出军队，平息了圣萨尔瓦多省的叛乱。

哥斯达黎加的第一个宪政政府，称为哥斯达黎加第一届政府最高委员会，由拉斐尔·巴雷奥塔·伊·卡斯蒂利亚担任总统，何塞·玛丽亚·德·佩拉尔塔·伊·拉维加和胡安·莫拉·费尔南德斯担任书记，成员包括圣地亚哥·波尼亚、拉斐

尔·德·加列戈斯、华金·德·伊格莱西亚斯、何塞·梅塞德斯·德·佩拉尔塔。此外,任命了3位候补成员,他们是布鲁诺·普列托、佩德罗·卡拉索和胡安·安东尼奥·阿尔法罗。政府高级委员会于1822年1月13日开始运行,一年之中,每隔三个月,中央山谷的四大城市之间交替作为政治首都。

1823年1月1日,由何塞·桑托斯·隆巴多领导的第二届政府最高委员会成立,取代了绝大多数为保守派的前任委员会,主要成员皆由自由派组成。面对政治力量的转变,保守派势力深感困扰。“协和条约”中潜伏的政治不稳定状态和潜在危机日趋显露。1823年2月,卡塔戈市主张与哥伦比亚结成联盟的势力,发动了一场小规模的民众叛乱。这场叛乱得到了圣何塞城和阿拉胡埃拉市的呼应,但呼应的真实目的却是试图动摇并削弱卡塔戈联盟主义分子的政治力量。埃雷迪亚地区并未参与其中,其当局认为自己已经与国家分道扬镳。为避免国家宪法确立起来的秩序遭到破坏,1823年3月,政府最高委员会召集各个市政当局召开国民议会代表大会。这是哥斯达黎加历史上第一次国民议会代表大会。大会做出决定,反对哥斯达黎加并入第一墨西哥帝国,并由3人执行委员会取代了原来由7人组成的政府最高委员会。这个三人执行委员会称为“哥斯达黎加省议会”,由学者拉法埃尔·弗朗西斯科·奥赛霍担任主席。哥斯达黎加省议会的成立，为削弱各个地区性政府的利益，减少地方势力的影响，集中政府的权力，做出了首次尝试。

然而，在卡塔戈地区，由一些宗教神职人员、军界将领、名商富贾和知识分子组成的保守势力，对新政府所做出的决议熟视无睹。1823 年 3 月 23 日，他们占领了卡塔戈的军事营地，并且宣布与埃雷迪亚市一起加入墨西哥帝国。作为回应，圣何塞城和阿拉胡埃拉市的共和派人士在格雷戈里奥·何塞·拉米雷斯的指挥下组建了一支军队。他们前往卡塔戈，与政变策划者们正面交战。哥斯达黎加的第一次内战爆发了。1823 年 4 月 5 日，两支军队在圣何塞城和卡塔戈市交界的奥乔莫戈高地遭遇。最初，双方曾尝试进行谈判，但很快不欢而散，奥乔莫戈战役由此爆发。经过几个小时的血腥战斗，卡塔戈的主力部队投降，被迫撤退到卡塔戈的人员四散逃窜。格雷戈里奥·何塞·拉米雷斯带领的军队占领了这座城市。

> 自由党们……集结在圣何塞城和阿拉胡埃拉市，他们奋起反对阴谋反叛的分子。
>
> ——《哥斯达黎加历史纪录》

与此同时，埃雷迪亚民兵利用大部分阿拉胡埃拉人正

在奥乔莫戈高地与卡塔戈作战的时机,入侵阿拉胡埃拉。尽管阿拉胡埃拉的居民对入侵进行了抵抗,但还是被埃雷迪亚民兵所攻占,城市遭到洗劫,这就是历史上的阿罗约战役。控制了卡塔戈之后,共和军移师阿拉胡埃拉,解放了这座城市。然后,军队攻入埃雷迪亚市,最终击败了帝国派的势力集团,使这座城市重新融入哥斯达黎加。格雷戈里奥·何塞·拉米雷斯成为哥斯达黎加事实上的统治者,并将国家首都以及武器装备都迁到了圣何塞城。为了重建国家宪法秩序,在短暂执政 10 天之后,格雷戈里奥·何塞·拉米雷斯将权力移交给第三届国家政府最高委员会。第三届政府最高委员会的统治持续到 1824 年。

格雷戈里奥·何塞·拉米雷斯(1726—1823)原是一名水手,后经商并成为政治家。1823 年 4 月 5 日,他率领共和军在奥乔莫戈高地战役中击败帝国派军队后,本可以实行独裁统治,但他决定将权力移交给人民,后世把他列为哥斯达黎加的“祖国勋章人物”。

1825 年,哥斯达黎加国家形成进程中的第一阶段结束,同年,哥斯达黎加加入中美洲联邦共和国。

哥斯达黎加在中美洲联邦共和国(1824—1838)

1823 年,随着中美洲独立法案的颁布,中美洲联邦共和国向哥斯达黎加人发出了邀请，请他们派代表前往危地马拉制宪议会,共同加入刚刚起步的联邦共和国。提议并没有激起哥斯达黎加人的参与热情，因此被列入了政治议程的第二位。这种不主动的做法,在某种程度上,是哥斯达黎加人民在经历了漫长的殖民统治后的反思。正是殖民统治时期,哥斯达黎加几乎被危地马拉的殖民当局“忘记”的尴尬经历,让哥斯达黎加人民在经济、文化、政治等方面陷入了难以想象的困境。例如,1792 年,危地马拉都督辖区殖民政府曾决定,取消哥斯达黎加烟草种植专属权。因为烟草种植一直是哥斯达黎加殖民地时期唯一的经济生产活动,这项决定几乎断绝了哥斯达黎加的经济命脉。哥斯达黎加人民因此十分盼望有朝一日能够打破经济和社会的孤立状况。尽管在殖民时代,每个省都经历了一些不平等的发展道路,但哥斯达黎加这种单一的发展,阻碍了它与全球市场的往来与联系。

在这一时期，哥斯达黎加在外交方面的主要成功是避免了卷入联邦共和国的破坏性内战。从 1821 年独立到 1838 年与联邦共和国分离,哥斯达黎加先后发生了两次短暂的内战:1823 年 4 月的奥乔莫戈战争和 1835 年 9 月至 10 月的联盟之战。加入联邦共和国后,哥斯达黎加经历了这场中美洲政治实验的大部分动荡:哥斯达黎加投入资金,

承担其债务份额，选出国会代表，并招募国人加入联邦军队。然而，联邦共和国的命运大多由远离哥斯达黎加国土边界的危地马拉和萨尔瓦多决定。相对于其他成员国来说，哥斯达黎加在联邦共和国的存在相当边缘化。然而，从另一个角度来讲，远离中美洲联邦共和国各方的深层分歧和政治争端，在某种程度上，可以使哥斯达黎加设法集中精力解决自己的社会内部问题。哥斯达黎加所拥有的相对的自主权，使它可以对自己的社会政治做出重要决定。

1823 年 7 月 1 日，当中美洲联邦共和国作为从殖民地独立的国家联盟开始运行之时，哥斯达黎加刚刚结束奥乔莫戈内战，需要时间消除内战造成的影响，因此并没有向中美洲联邦共和国派出自己的代表。直到 1824 年 3 月 4 日，哥斯达黎加才正式加入中美洲联邦共和国，成为最后一个加入的成员国。在当时的情况下，尽管哥斯达黎加人对过去在危地马拉管辖大区殖民当局的经历仍存抱怨，而且当时中美洲联邦联盟的力量还很弱，对国家的政治生活的帮助有限，但哥斯达黎加人认为加入中美洲联邦联盟是必要的。实际上，根据中美洲联邦共和国的宪法规定，共和国众议院议员将根据每个地区居民的人口数量确定。哥斯达黎加是其中人口最少的国家，因此只有 2 名代表的权利。而其中人口最多的危地马拉的代表数量是 18 人；联邦中人口数量位居倒数第二的尼加拉瓜有6名代表。因此,哥斯达黎加的代表在中美洲联邦共和国的投票表决及参与决策的作用十分有限。

面对自身在中美洲联邦共和国政府中权重很低的这种局面,哥斯达黎加开始寻求自力更生解决问题的途径。很显然,哥斯达黎加人明白,这些问题通过遥远的危地马拉政府当局是无法得到解决的。因此,1825年,在中美洲联邦共和国铸造货币之前,哥斯达黎加国会授权开始铸造在自己国家的领土上流通的货币,即便是它与未来的联邦货币并不一致。通过这一方式,哥斯达黎加着手寻求国内贸易的发展和经济利益。到1825年年底,哥斯达黎加虽然是联邦共和国中的一部分,但有自己的国家元首、立法议会和最高法院。1826年至1829年之间当中美洲联邦共和国联盟在成员国之间的内战中挣扎之时,哥斯达黎加在1825年至1833年之间,通过自身的重新调整,进入了政治相对稳定的时期。1829年在胡安·莫拉·费尔南德斯政府执政期间,哥斯达黎加颁布了艾普瑞利亚法案。法案规定,哥斯达黎加仍然属于中美洲联邦共和国的成员,但拥有自己的国家主权。直到1838年,布劳略·卡里略·科利纳执政的第二届政府最高委员会才明确宣布,哥斯达黎加脱离中美洲联邦联盟。

尽管哥斯达黎加最晚加入中美洲联邦共和国联盟,之后又从其中脱离,但在一些方面,哥斯达黎加在中美洲联邦共和国联盟的经历,给其带来了一些正面的影响:首先,联邦共和国在某种程度上,成为哥斯达黎加人的政治学校,培养了像布劳略·卡里略这样的政治家。他在联邦共和国国会中担任哥斯达黎加代表的经历,使他能够在国家面临抉择时,做出坚定的抉择。例如 1838 年与中美洲联邦共和国分离,在当时的状况下,对哥斯达黎加来说,是最好的选择。其次,加入中美洲联邦共和国,使哥斯达黎加获得了外部安全的保障。正因为哥斯达黎加是联邦共和国的成员国,尼加拉瓜才没有对尼科亚地区提出主权主张,使得尼科亚地区在 1824 年并入了哥斯达黎加。而自从哥斯达黎加从中美洲联邦共和国中分离出来,哥斯达黎加和尼加拉瓜两国在尼科亚地区的边界冲突就不断上演。再者,当其他中美洲其他国家和地区的人们都在关注联邦共和国发生的一系列事件的时候,哥斯达黎加能够集中解决自己国内的问题,巩固了以咖啡为主的支柱产业,在中美洲以农业资本主义为主的国家中,设法巩固了哥斯达黎加本民族的国民经济,为哥斯达黎加成为主权独立的国家创造了条件。

哥斯达黎加第一任国家元首胡安·莫拉·费尔南德斯执政期间(1824—1833)

奥乔莫戈内战结束后，格雷戈里奥·何塞·拉米雷斯在短短的几天时间内，恢复宪法国家的社会秩序之后，很快就将国家权力移交给由何塞·玛丽亚·德·佩拉尔塔·伊·拉维加领导的第三届政府最高委员会，这一届委员会执政至1824年9月。在第三届政府最高委员会的领导下，哥斯达黎加进入了中美洲联邦共和国体系，选举产生了新一届国会。新一届国会由12名正式代表和4名候补代表组成。

在第三届政府最高委员会的监督领导下，进行了历史上首次总统选举。选举产生的哥斯达黎加的第一任国家元首是胡安·莫拉·费尔南德斯(1794—1854)，一位拥有丰富行政经验的自由派领导人。历史上，胡安·莫拉·费尔南德斯曾在1825年至1829年和1829年至1833年期间，连续两次担任哥斯达黎加总统。在中美洲其他地区战火肆虐的时候，他凭借丰富的政治经验和领导智慧，为哥斯达黎加赢得了八年的安宁和发展时期。在某种程度上，哥斯达黎加人民族身份中一些最核心最基本要素的形成，应当归功于历史上胡安·莫拉·费尔南德斯(Juan Mora Fernández)领导的这一时期。当中美洲联邦共和国在激烈政治漩涡和动荡的现

实中挣扎的时候，哥斯达黎加人民感受到了自己的国家与其他中美洲国家的不同。虽然，在哥斯达黎加，同样也存在着各种势力的争斗，存在着各个派别和社会阶层之间的冲突，但是，这位第一任国家元首凭借智慧和经验，成功地加以化解。

曾经做过学校教师的胡安·莫拉·费尔南德斯非常重视国民公共教育，认为教育对民族进步具有重要的现实意义。他在哥斯达黎加推广国家义务教育，鼓励在哥斯达黎加的各省市的人口中心地区创建小学。1824年12月10日，他下令创建圣托马斯学校，教授语言、阅读、写作、哲学、民法、典籍和神学。1824年11月25日，他颁布了法令，准许哥斯达黎加的公民在任何一个城镇出版报刊。1830年，哥斯达黎加进口了第一台印刷机，霍金·博纳多·卡沃编辑的哥斯达黎加第一份报刊《全球新闻》问世，开始在哥斯达黎加出版发行。

在政治上，胡安·莫拉·费尔南德斯确定了哥斯达黎加自由国家的第一枚国徽，并建立起了第一批国家机构。1824年11月10日，在他的提议下，哥斯达黎加的康塞普西翁·德·埃雷迪亚城和圣胡安·内波穆塞诺·德·阿拉胡埃拉两个镇，被升级为城市；此后，埃斯卡祖、巴加塞斯和巴尔瓦等一系列村庄被提升为乡镇级别的管辖区。1824年7月25日，属于尼科亚地区的圣克鲁斯镇和尼科亚镇自由地并入了哥斯达黎加。随后,中美洲联邦共和国议会于1825年3月18日通过法令，批准圣克鲁斯镇和尼科亚镇归属哥斯达黎加管辖,同时批准的还有瓜纳卡斯特镇。为了避免议员代表缺席国会,他颁布法令规定,履职的议员若有三次缺席国会会议,除被处以50至500比索的罚款外,还将被解职并宣布为不值得公众信任的人。

1825年1月26日，胡安·莫拉·费尔南德斯颁布了哥斯达黎加自由国家基本法,宣布哥斯达黎加独立于西班牙、墨西哥或任何其他国家，是中美洲联邦共和国联盟的成员国家。此外,国家基本法确定了哥斯达黎加政府是人民大众的代表,政府权力分为立法、行政、司法、保障四个方面。基本法明确,要成为国家的选民,必须在行使选举权利时成为法定年龄的公民,拥有100比索的个人财富。而且,在每个城镇都应该拥有一个民选的市政当局。国家基本法还确立,哥斯达黎加的官方宗教是天主教，天使圣母是哥斯达黎加的保护神。在哥斯达黎加的圣何塞城设立一个独立于尼加拉瓜之外的大主教和大教堂。

抱着使哥斯达黎加再次回归到西班牙殖民统治之下的目的,1826年1月28日，西班牙人何塞·萨莫拉在阿拉胡埃拉市组织叛乱。胡安·莫拉·费尔南德斯下令平息叛乱,领导暴乱的何塞·萨莫拉被枪决。1826年6月7日,在胡安·

莫拉·费尔南德斯的关注下,哥斯达黎加的第一家综合性医院成立,命名为耶稣圣胡安医院。1828 年,当中美洲联邦共和国深陷内战当中时,胡安·莫拉·费尔南德斯颁布了“艾普瑞利亚法”,法令宣布哥斯达黎加虽然未与中美洲联邦共和国分离,但拥有自己的自治权。

在经济上,胡安·莫拉·费尔南德斯支持在阿瓜卡特山脉进行金银矿的开采,支持在太平洋海岸开采巴西木,力主将咖啡业作为哥斯达黎加社会未来经济的主要支柱。1821 年到 1843 年期间,哥斯达黎加国内出现了采矿业的大发展。为了扩大哥斯达黎加的经济需求,胡安·莫拉·费尔南德斯在 1828 年创办了造币厂,用铜铸造了二十万比索,包括一雷亚尔、半雷亚尔、四分之一雷亚尔三种不同币值的货币。这一举措使哥斯达黎加的国民经济走向货币化,提振了国内市场经济。1830 年,巴西木的采伐达到了高峰,从尼科亚海湾地区经过英国人的海上转运,巴西红木大量对外出口,但巴西木的作物培植非常稀少,木材很快就被砍伐枯竭。曾经辉煌的采矿业也因矿层贫瘠和技术落后昙花一现。1825 年,政府出台了几项促进咖啡产业的政策,免除了咖啡产业百分之十的赋税。1831 年,国民议会又颁布法令,宣布任何开垦荒地种植咖啡五年以上的人,所开垦的土地都归开荒者所有。一系列措施的发布,使得咖啡种植在中央山谷地区发展迅速。到1850年,咖啡在哥斯达黎加的出口产品中占比达到90%。

> 哥斯达黎加是一幅画，虽然小而简单，但安然无恙、令人愉悦,并且被和平的彩虹照亮。
>
> ——胡安·莫拉·费尔南德斯,《致国会的消息》

在胡安·莫拉·费尔南德斯完成了他的第二届政府任期卸任之后，立法议会和国务委员会于1833年3月11日宣布,将他的肖像永久竖立在哥斯达黎加国会大厅。这一举动表达了哥斯达黎加民众的心声，希望有更多的像胡安·莫拉·费尔南德斯一样的国家元首，能够为国家和民族的福祉贡献力量。

尼科亚并入哥斯达黎加

尼科亚地区并入哥斯达黎加是19世纪20年代最重要的历史事件之一。在西班牙殖民统治时期,自治的尼科亚归莱昂地区的殖民政府管辖。1787年起,尼科亚归入尼加拉瓜的哥斯达黎加省，成为哥斯达黎加领土内由尼加拉瓜大区管理的成员地区,直接听从于危地马拉的都督。1813年起，尼科亚地区和哥斯达黎加之间的政治联系因议会代表

选举的需要,变得越来越紧密。由于两个地区的人口数量都比较稀缺,两处只能推选一名代表共同的议会代表前往管辖大区参与政治活动。因此,尼科亚必须将地区选民派到哥斯达黎加的殖民地首府卡塔戈城,参加在西班牙或在尼加拉瓜,和哥斯达黎加省的代表一同参加选举。从西班牙殖民统治获得独立之后,哥斯达黎加与省议会分离,而尼科亚在1824年之前仍归属于省议会。

1823年起,设在尼加拉瓜的中美洲联邦共和国联盟与在莱昂城和新格拉纳达(今天的哥伦比亚)的保守派之间,陷入了血腥内战当中。哥斯达黎加政府最高委员会与尼加拉瓜当局签署了协议,寻求将尼科亚地区并入哥斯达黎加。1824年,胡安·莫拉·费尔南德斯的政府提议,与尼科亚地区合并。最初,尼科亚当局于7月4日拒绝了合并的提议。1824年7月25日,第二次公民投票举行。这一次,圣克鲁斯和尼科亚的居民在开放的市政厅根据自己的意愿,最终投票赞成与哥斯达黎加合并的一方获得了77%的赞成票。

1825年,在中美洲联邦共和国的议会大会上,哥斯达黎加的代表通报了与尼科亚合并的消息,并出示了尼科亚市长库珀提诺·比利塞纽签署的一系列会议记录和文件。1825年3月18日,中美洲联邦共和国批准了哥斯达黎加与尼科亚合并,同时获得批准的还包括之前反对合并的瓜纳卡斯特镇。从1835年开始,尼科亚地区被纳入瓜纳卡斯特省,现今的巴加塞斯和卡纳斯州的领土也包括在其中。1841年,布拉乌里奥·卡里略·希尔重新将哥斯达黎加改组为五个大区,分别是:圣何塞、阿拉胡埃拉、卡塔戈、埃雷迪亚、瓜纳卡斯特。从1848年起,何塞·玛丽亚·卡斯特罗·马德里斯宣布哥斯达黎加为共和国,各个大区改为大省,包括瓜纳卡斯特省。

尼科亚并入哥斯达黎加之后,尼加拉瓜与哥斯达黎加的边境接壤问题开始产生。尼加拉瓜先后曾在1836年、1847年和1854年多次出兵,试图将瓜纳卡斯特纳入其领土管辖范围。1858年,双方签署《卡尼亚斯—赫雷斯条约》,确定了两国之间的边界,确定哥斯达黎加对瓜纳卡斯特省拥有稳定主权管理。

流动法案(1833—1835)

胡安·莫拉·费尔南德斯执政之后,1833年,卡塔戈市的保守派农场主和商人何塞·拉斐尔·德·加列戈斯当选为接替者。他曾任哥斯达黎加第一届政府最高委员会成员,是胡安·莫拉·费尔南德斯执政期间政府的副国务卿。拉斐尔·德·加列戈斯本人并不想接任这一工作,但是在选举中,各方候选人的选票非常接近,最终国会决定由他接受这一职

位。拉斐尔·德·加列戈斯是一位秉公执法的领导者,但是,执政期间正值国家政治形式异常复杂的时期,各地区的地方主义势力争权夺利。1823年的内战中被击败的卡塔戈人力促恢复其首都地位。他们通过操纵和游说策略,向埃雷迪亚城和阿拉胡埃拉市的代表提出了颇富争议的《流动法案》,希望在政治上击败当时的首都圣何塞城。

事实上,自从圣何塞成被确定为首都之后,这座城市不仅确立了哥斯达黎加的政治首都地位,而且在经济上也获得了长足发展。当时哥斯达黎加的大部分咖啡种植园集中在首都圣何塞周边肥沃的火山土壤地带,带动了整个中央山谷地区的早期农业资本主义的发展。此外,哥斯达黎加的主要的军事装备也集中在圣何塞城,因此,其他城市几乎不可能通过军事行动与其争夺首都的地位。

自1831年,即何塞·拉斐尔·德·加列戈斯执政之前,卡塔戈市政代表就提出制定一项法案,允许国家的首都在中央山谷的四个主要城市之间轮换。这项提案自然是受到了圣何塞城自由党的强烈反对。

1834年3月10日,阿拉胡埃拉、卡塔戈和埃雷迪亚的七名代表向国会提交了《流动法案》,要求依照平等原则,由四个城市平等地享有国家利益,并且平等承担国家义务,不应当将有利因素全部集中在其中的一个城市。法案还提出了国家首都按照卡塔戈、埃雷迪亚、阿拉胡埃拉、圣何塞这一顺序进行轮流。对于卡塔戈城的保守势力来说,这个提议既可以恢复首都的地位,为1823年战争中的失败报仇,又可以打破圣何塞和阿拉胡埃拉之间的自由联盟,因为阿拉胡埃拉的代表同样享有被定为首都的权力。对于圣何塞城的自由主义势力来说,《流动法案》不过是卡塔戈保守派的一种策略。一旦首都被确定在卡塔戈城,执政势力马上就会废除《流动法案》,将首都永久地定在卡塔戈这座古老的都会。在国会投票过程中,圣何塞城的代表处于劣势时,决定提出修改《流动法案》,将首都轮流的顺序改为从阿拉胡埃拉市开始。力主实行《流动法案》的卡塔戈和埃雷迪亚的代表别无选择,只能接受修改法案。因为,反对改革就意味着是失去了阿拉胡埃拉人的支持,并且导致提议以失败告终。1834年3月31日,《流动法案》在国会的第二次辩论中获得批准。自1834年5月开始,哥斯达黎加的首都开始从阿拉胡埃拉市流动。轮流期限为两年。

但是《流动法案》最终被证明是一场失败,新的政府首都阿拉胡埃拉市并没有做好充分的准备,缺少作为政府机构所在地的必备条件。一年之中,首都的政府机构漂泊不定,立法权过度集中,工作停滞不前,这一切都遭到了媒体,尤其是《茶话会》等报纸的严厉批评和谴责。1835年3月4

日,拉斐尔·德·加列戈斯向政府递交辞呈;几天后,布劳略·卡里略·科利纳接替了他,当选为政府首相。

布劳略·卡里略·科利纳执政期间(1835—1842)

1835年,随着布劳略·卡里略·科利纳当选为政府首脑,结束了1833年当选的拉斐尔·德·加列戈斯的执政时期。拉斐尔·德·加列戈斯执政一年后,就宣布了颇有争议的《流动法案》,将哥斯达黎加的首都在中央山谷的四个主要城市之间轮转,这使哥斯达黎加的地方主义势力愈发强化。布劳略·卡里略·科利纳这位年轻出色的律师和商人,曾任哥斯达黎加在中美洲联邦共和国议员、立法议会议长、最高法院检察官,与同时代的其他政治家相比,他对中美洲的社会现实更加熟悉。他当选政府首脑的这一年,也被视作哥斯达黎加政治发展的关键。

当时,哥斯达黎加社会从殖民地继承了强烈的平民文化和闲散状态,人们喜欢饮酒作乐、唱歌跳舞、休闲享受。教会也充满世俗风气,教士们同时又是商人或庄园主。布劳略·卡里略·科利纳试图通过政府权力,改变哥斯达黎加人闲散的生活方式。在他的提议下,国会决定取消公共假期,禁止街头聚会和流动售货,健全社会法纪。布劳略·卡里略·科利纳坚决反对地方主义,强烈倾向于国家权力的集中,削弱教会和各个市政当局的势力，强化中央政府的行政权力，支持土地私有化。他签署法令，促使神职人员与公共管理事务中脱离。此外，他坚决废除了上一届政府颁布的《流动法案》，将圣何塞城定为国家的首都。

这项《流动法案》的废除，引发了哥斯达黎加历史上的第二次内战——联盟战争。内战在1835年9月至10月期间持续了两个多月，最终，圣何塞城战胜了阿拉胡埃拉、卡塔戈和埃雷迪亚获得军事胜利，权力集中在中央政府手中，圣何塞城也被固定为国家的首都。

为了避免国内再次陷入战争状态，布劳略·卡里略·科利纳的政府采取了一系列措施，削弱地方主义势力。自1779年以来，为了防止马蒂娜受到英国军队的攻击，哥斯达黎加每年需要缴纳赋税。在其执政期间，布劳略·卡里略·科利纳下令停止向英国缴纳赋税。他还撤销了在中央山谷其他城市的驻军，将军事力量和武装装备集中在圣何塞城。然而，1836年，卡里略执政期间，未能有效避免新格拉纳达共和国(今日的哥伦比亚)侵占哥斯达黎加与巴拿马边界的博卡斯·德尔·托罗地区。在这次侵占事件中，中美洲联邦共和国并未支持哥斯达黎加的主权立场，这成为布劳略·卡里略·科利纳政府决定从中美洲联邦共和国脱离的一个主要理由。

在经济领域，布劳略·卡里略·科利纳的政府进一步刺激生产和贸易,促进了咖啡生产和贸易的私有化进程,使哥斯达黎加的咖啡产业走向全球市场。此外，在政府的主导下，哥斯达黎加建造了一条从帕尔伊索·德·卡塔戈到莫恩的贸易通道,称为“卡里略之路”。这条通道把加勒比沿岸与中央谷地连接起来，将蓬塔雷纳斯市建成哥斯达黎加太平洋沿岸主要的商业港口。为了集中了国家的财政力量,布劳略·卡里略·科利纳执政期间，创建了哥斯达黎加首个关税体系,对公共财政加以管控。

在法律方面，布劳略·卡里略·科利纳的政府制定完成了哥斯达黎加的第一部“民事、刑事和程序法”这些基本大法。布劳略·卡里略·科利纳的巨大贡献为他在历史赢得了“哥斯达黎加国家建筑师”的称号。

然而,由于卡塔戈和埃雷迪亚在联盟战争中失败,他们派出的国会代表坚决阻挠布劳略·卡里略·科利纳再次当选,布劳略·卡里略·科利纳在1837年的选举中失利。一年后,在军界、商人和大部分普通民众的支持下,卡里略在选举中战胜了曼努埃尔·阿吉拉尔·查孔，开始了他在政府的第二次执政。

在他的第二届政府期间,1838年11月14日,布劳略·卡里略·科利纳在新格拉纳达共和国侵占博卡斯·德尔·托罗地区后,决定将哥斯达黎加从中美洲联邦共和国脱离,恢复哥斯达黎加的政治主权,成为一个主权独立的国家。根据1841年颁布的宪法文本中“基础和保障法”第一条,除了授予国家元首广泛的权力外,还重组了司法行政体系,由国家高级政治首脑掌管圣何塞,阿拉胡埃拉,卡塔戈,埃雷迪亚和瓜纳卡斯特五个大区,废除了各个地方的市政当局。

在当时的社会各方的大力支持下,布劳略·卡里略·科利纳执政期间,被认为是哥斯达黎加历史上收获颇为丰富的历史时期。然而,布劳略·卡里略·科利纳几年间所推行的一系列政治变革,以及所采取激进性行政措施,尽管为哥斯达黎加未来国家的形成和政治的稳定奠定了至关重要的基础,但他的这些措施被认为是破坏世俗社会基础,引发新的社会怨恨的政治独裁统治。

布劳略·卡里略·科利纳为巩固哥斯达黎加国家体制所采取的一系列治理措施,遭遇到一些反对的声音,也使他付出了沉重的政治代价。尤其是在哥斯达黎加当时所处的历史时代,独立后的国家民族文化和民族意识形成尚需时日,他对社会秩序的整肃措施,波及世俗社会普通民众的文化习俗。这使他树敌颇多。他的政治盟友,一方面高兴地看到《流动法案》中被分离的权力再次集中在国家元首的手中,另一方面又担心权力的集中会导致权力责任的无所节制。

因此,1842年,当洪都拉斯的弗朗西斯科·莫拉桑将军率领军队在卡尔德拉登陆时,本应效忠布劳略·卡里略·科利纳政权的哥斯达黎加军官倒戈,卡里略被迫流亡萨尔瓦多。三年后,他在萨尔瓦多遭到暗杀。

第四节　哥斯达黎加共和国成立(1848)

从1842年弗朗西斯科·莫拉桑入侵开始,哥斯达黎加在19世纪40年代,在政治上经历了一段极其不稳定的时期。1842年至1849年,先后颁布了四部宪法,分别是由弗朗西斯科·莫拉桑恢复的1825年宪法,以及1844年、1847年和1848年宪法。这一时期哥斯达黎加发生了三次政变,两任政府先后辞职。政治危机为军界将领进入政府权力机构并发挥主导作用创造了条件和可能。先是针对曼努埃尔·阿吉拉尔·查孔的政变,布劳利奥·卡里略掌权;随后弗朗西斯科·莫拉桑入侵哥斯达黎加,推翻了布劳略·卡里略·科利纳政权。

1842年4月,弗朗西斯科·莫拉赞亲率500名萨尔瓦多士兵,在卡尔德拉登陆。布劳略·卡里略·科利纳命令萨尔瓦多将军比森特·比拉塞诺指挥2000名士兵迎战。两支部队在阿拉胡埃拉市附近的侯科特遭遇后,比森特·比拉塞诺竟然与和弗朗西斯科·莫拉桑达成协议,将哥斯达黎加部队的指挥权拱手交给了弗朗西斯科·莫拉桑。面对这样的局面，布劳略·卡里略·科利纳交出了政府的权力，流亡萨尔瓦多。莫拉桑于1842年7月担任国家临时首脑，他废除了《基本保障法案》，恢复了1825年宪法。

然而，弗朗西斯科·莫拉桑这位洪都拉斯将领的真正目的，是重建中美洲联邦共和国，并将哥斯达黎加设为政治和军事基地。1842年6月，哥斯达黎加召开制宪大会，宣布弗朗西斯科·莫拉桑就任国家元首，并批准通过协商重建中美洲联邦共和国。为了重建中美洲联邦，弗朗西斯科·莫拉桑强迫民众捐款，强制推行国债，征召士兵，最终激怒了哥斯达黎加民众。1842年的5月，埃雷迪亚城的军营遭到叛乱分子袭击，弗朗西斯科·莫拉桑立即发布了两项极其严厉的法令。1842年9月，阿拉胡埃拉市反叛，六个小时后，圣何塞城也起来暴动。经过激烈的战斗，在布劳略·卡里略·科利纳政权的前指挥官安东尼奥·平托·苏亚雷斯和弗洛伦蒂诺·阿尔法罗·萨莫拉领导下，弗朗西斯科·莫拉桑丢下圣何塞的军营，逃往卡塔戈城，并在那里被捕。1842年9月15日，弗朗西斯科·莫拉桑和叛变的比森特·比拉塞诺将军在遭到审判后，在圣何塞主广场被执行枪决。

在弗朗西斯科·莫拉桑被推翻后，安东尼奥·平托·苏亚雷斯很快将权力移交给何塞·玛丽亚·阿尔法罗·萨莫拉，由

其临时掌管国家的权力。何塞·玛丽亚·阿尔法罗·萨莫拉是当时重要的军事人物，弗洛伦蒂诺·阿尔法罗·萨莫拉将军的兄弟。从此,军队成为稳定哥斯达黎加政府权力的基石。1844 年,哥斯达黎加颁布了新宪法,新宪法引入了一项重要的政治变革：直选投票制，赋予军人们决定性的政治权力。在此之前,哥斯达黎加一直执行间接投票选举制度,通过三轮投票选举产生领导人。在第一轮中,公民选出选民;第二轮中,选民选出选民代表;在第三轮中,代表选出国家元首。宪法规定,公民为了行使投票权,必须拥有至少 200 比索的个人财富。1844 年宪法颁布后,1846 年，弗朗西斯科·玛丽亚·奥莱亚姆诺成为第一位通过直接投票制产生的国家元首。但弗朗西斯科·玛丽亚·奥莱亚姆诺因担心遭到军人武装部队的罢免，在上任一个月后便以健康原因为借口,辞去了总统职务。当时,拉斐尔·德·加列戈斯被召回政府,第二次出任国家元首。不出弗朗西斯科·玛丽亚·奥莱亚姆诺所料,同年,一场新的军事政变罢免了拉斐尔·德·加列戈斯的权力，何塞·玛丽亚·阿尔法罗·萨莫拉再次执掌权力。两年后,他将权力移交给何塞·玛丽亚·卡斯特罗·马德里斯。1849 年,何塞·玛丽亚·卡斯特罗·马德里斯又迫于军方的压力辞职。这一不稳定的时期，随着 1849 年胡安·拉斐尔·莫拉·波拉斯执政而宣告结束。1847 年颁布了一部新宪法，该宪法在直接投票制实施两年后，再次恢复了间接选举制度，该宪法一直生效到1913年。

按照新的宪法选举制度，1848年，何塞·玛丽亚·卡斯特罗·马德里斯当选总统。何塞·玛丽亚·卡斯特罗·马德里斯是莱昂大学的法律和哲学博士，受过良好的教育，持自由思想，捍卫新闻自由，反对死刑。他曾担任何塞·玛丽亚·阿尔法罗·萨莫拉政府中的国务大臣，期间，于1843年创立了哥斯达黎加的第一所大学——圣托马斯大学，还开办了女子师范学校。何塞·玛丽亚·卡斯特罗·马德里斯还发分别于1842年和1847年创办了《哥斯达黎加导师报》和《哥斯达黎加人报》。1848年8月31日，新宪法颁布。何塞·玛丽亚·卡斯特罗·马德里斯宣布，哥斯达黎加是不依附任何其他国家的主权独立的共和国，国名为哥斯达黎加共和国。这位当时年仅28岁的何塞·玛丽亚·卡斯特罗·马德里斯成为哥斯达黎加共和国第一任总统，也是历史上担任总统职务的最年轻的哥斯达黎加人。1848年9月29日，何塞·玛丽亚·卡斯特罗·马德里斯政府确立了国家的象征——国旗和国徽。1848年11月12日，共和国的三色国旗第一次在哥斯达黎加升起，沿用至今。国旗的设计者是何塞·玛丽亚·卡斯特罗·马德里斯总统夫人帕西佛卡·费尔南德斯·奥莱亚姆诺，设计灵感来自法国国旗。哥斯达黎加共和国的国徽在历史

上经历了一些变化，但基本上仍保留着许多原有的特色。1848年宪法促进了在哥斯达黎加建立强大立法行政权力，为加速国家权力的集中，为哥斯达黎加走上现代国家的道路奠定了基础。

1848年宪法不但确立了哥斯达黎加共和国的基本制度体系,而且也引入了选举制度的一系列变革,对公民行使选举权利增加了新的身份上的要求，这意味着许多哥斯达黎加人被剥夺了选举权。其直接的后果是,国内开始酝酿积累一系列针对何塞·玛丽亚·卡斯特罗·马德里斯总统的阴谋,新生的哥斯达黎加共和国风雨飘摇。在其中一项推翻总统的计划中,前国家元首何塞·玛丽亚·阿尔法罗·萨莫拉被发现牵连其中，他也因此被判处流放到哥斯达黎加东南部的特拉巴镇。不久,当何塞·玛丽亚·卡斯特罗·马德里斯总统在蓬塔雷纳斯时,阿拉胡埃拉爆发了一场新的革命运动,暴乱遭到副总统胡安·拉斐尔·莫拉·波拉斯的镇压。哥斯达黎加民众的不满呼声日益高涨,敌对势力的分裂活动不断,国际市场的咖啡价格出现的下跌，为当时的政治危机增添了经济危机。1849年,迫于军方压力,何塞·玛丽亚·卡斯特罗·马德里斯总统被迫辞职，由副总统胡安·拉斐尔·莫拉·波拉斯继任。同年,国会授予何塞·玛丽亚·卡斯特罗·马德里斯总统“共和国创始人”的称号。

第四章

哥斯达黎加独立后到20世纪“寡头—自由—改革”年代(1849—1949)

第一节 寡头国家时期(1849—1870)

19世纪上半叶,中美洲诸国相继获得独立。哥斯达黎加幸运地避开了独立进程中战火的洗礼。1848年,哥斯达黎加第一共和国正式宣告成立。和平独立后开始按部就班地划定疆域、巩固政权、建设国家。

独立后的中美洲诸国,实际上继承了西班牙殖民时期的大致疆域,哥斯达黎加亦不例外。在领土方面,哥斯达黎加北部边界,相对简单,北部的尼科亚地区在殖民时期曾经长期在尼加拉瓜的管辖范围内。1824年,尼科亚并入哥斯达黎加。1825年,中美洲联邦共和国议会正式批准合并,合并具有法律效力,尼科亚在行政上归属于哥斯达黎加管辖。1858年,哥斯达黎加与尼加拉瓜双方就边界问题,签订了《卡尼亚斯—赫雷斯条约》,正式划定边界,确定了太平洋和加勒比海之间哥斯达黎加和尼加拉瓜的国界线。按照1858年《卡尼亚斯—赫雷斯条约》的规定,一方面,尼加拉瓜确立了对圣胡安河流域包括司法管辖权在内的全部主权(注:两国国界线不是以圣胡安河的主航道中心线为界,而是在圣胡安河的东岸,尼加拉瓜因而享有其完整的主权);另一方面,哥斯达黎加获得了在圣胡安河上"以商业为目的"的永久航行权。但是，在签署运河条约或批准航行权的问题上，尼加拉瓜必须征得哥斯达黎加的同意。从此，圣胡安河成为哥斯达黎加和尼加拉瓜边界问题的一颗定时炸弹，两国纷争一直延续到21世纪。由于尼加拉瓜对1858年的《卡尼亚斯—赫雷斯条约》当中的条款有诸多不满，两国曾提请美国总统格罗弗·克利夫兰仲裁。1888年，《克利夫兰裁决》裁定1858年的《卡尼亚斯—赫雷斯条约》有效，但强调哥斯达黎加仅享有“商业为目的”的航行权。与北部边界问题相比，哥斯达黎加南部边界问题更加复杂，哥伦比亚和巴拿马先后牵涉其中，中途曾爆发过边境武装冲突，出现过若干边界议定书、边界争议裁决书和边界协定，包括1856年《卡尔沃—埃兰条约》、1900年《洛韦特裁决》和1904年《怀特裁决》等。直到1941年，哥斯达黎加和巴拿马两国签订了《埃昌迪—费尔南德斯条约》，才确定了两国的边界线。

1848年8月31日，哥斯达黎加向全世界宣布共和国正式成立，曾经的西班牙殖民地和中美洲联邦共和国成员国一去不复返，一个崭新的独立国家诞生。哥斯达黎加共和国诞生之初，迫切需要在国际社会站稳脚跟，关键在于是否能够得到外交承认，尤其是世界上主要大国的态度至关重要。环顾19世纪中期的国际局势，西方资本主义工业大国在世界范围内抢占原料产地和商品市场，开始划分殖民地、

保护国和势力范围，独立后的拉丁美洲和加勒比地区同样没有逃脱沦为西方列强经济附庸的命运。考虑到连接太平洋和大西洋的中美洲地区所处的战略位置十分重要，当时世界两个头号强国美国和英国在开凿中美洲运河的路线上问题争执不下，美国人属意巴拿马运河路线，英国人却倾向于尼加拉瓜运河路线。在这样的背景下，英国有意在中美洲先发制人，率先承认了哥斯达黎加共和国的合法地位。1850年至1850年期间，英国和哥斯达黎加先后签订通商条约、航海条约和友好条约等一揽子双边协议。美国见英国占得先机，自然也不甘落后，示意亲美势力在中美洲挑起战事，拿回主动权。1855年，美国人威廉·沃克在尼加拉瓜内战中趁火打劫，率领一支名为“美洲军团”的海盗军队入侵尼加拉瓜，并迅速夺取了政权。实际上，沃克侵略尼加拉瓜背后有更大的野心，不仅妄图占领中美洲、复辟奴隶制，甚至想让中美洲最终与美国南部连成一片。1856年，在英国的支持下，哥斯达黎加总统胡安·拉斐尔·莫拉·波拉斯对沃克宣战，国家战争正式打响。

1856年2月，哥斯达黎加总统胡安·拉斐尔·莫拉·波拉斯出面牵头，组织了一支9000人的作战部队。3月，在何塞·华金·莫拉将军的指挥下，哥斯达黎加军队在瓜纳卡斯特集结。4月，相继攻占圣胡安南部地区、拉比尔亨和里瓦斯。4 月 11 日,著名的“里瓦斯战役”打响了,沃克海盗军队与哥斯达黎加军队在里瓦斯激烈交战,哥斯达黎加近代史上大名鼎鼎的民族英雄——士兵胡安·圣玛利亚正是在此役中诞生。沃克败走里瓦斯后,在尼加拉瓜作战的哥斯达黎加军中却爆发了霍乱,不得不暂时撤军回国休整。5 月至 6 月,霍乱疫情蔓延至哥斯达黎加中央山谷地区,死亡人数达到了 10000 人左右,相当于当时哥斯达黎加总人口的 10%。

1856 年下半年,萨尔瓦多、危地马拉和洪都拉斯组成联合军队,进入尼加拉瓜境内反抗沃克海盗的侵略。11 月,哥斯达黎加再次派兵驰援在尼加拉瓜作战的中美洲联军,何塞·玛利亚·卡尼亚斯将军再次率部出击,在里瓦斯遭遇海盗突袭,双方发生激烈交战,最终哥斯达黎加战船“四月十一日”在爆炸中被烧毁。12 月,中美洲联军终于成功地控制了圣胡安河航线,美洲军团不仅被切断了物资补给的生命线,还失去了与美国南部盟友的联络通道。

1857 年 1 月至 4 月,沃克继续在里瓦斯设防负隅顽抗,哥斯达黎加军队首领华金·莫拉将军指挥中美洲联军包围沃克。5 月,几乎弹尽粮绝的沃克投降,中美洲联军统帅莫拉将军接受了海盗头子沃克的投降,此举却被视为有丧权辱国之嫌,饱受中美洲诸国民众的诟病。1860 年,不得善终的威廉·沃克在洪都拉斯特鲁西略被枪决。

1856年至1857年期间,在哥斯达黎加总统拉斐尔·莫拉的坚强领导下,哥斯达黎加、萨尔瓦多、危地马拉和洪都拉斯等中美洲诸国援助尼加拉瓜奋起抵抗外敌入侵,最终海盗沃克战败投降。“国家战争”的胜利成功地巩固了中美洲独立的共和政权。

哥斯达黎加地处中美洲地峡,位于中美洲中部,北接尼加拉瓜,南壤巴拿马,陆地上并未与南北美洲大陆的任何国家接壤。正是得益于其得天独厚的地理位置,哥斯达黎加在战时能够与中美洲其他国家保持相对隔绝的状态。因此,中美洲联邦内战、国家战争、19世纪后期和20世纪初在中美洲地区发生的战争,哥斯达黎加都成功地避免了成为主战场的命运。哥斯达黎加本土避免中美洲战火的洗礼,为国家的可持续发展提供了条件,不但在政治经济层面上保障了国家的长期稳定发展,而且在社会文化层面上促进了哥斯达黎加人的身份认同。

1849年至1870年期间,哥斯达黎加的政治大权和经济命脉实际上一直都掌握在显赫的大咖啡种植园主家族手中。在经济上,咖啡出口、蓬塔雷纳斯铁路和英国人的投资,挑起了经济发展的大梁。通过对南部太平洋地区的进一步开发,开通利蒙铁路,建设香蕉种植园等举措,美国资本陆续进入哥斯达黎加,明显扩大了哥斯达黎加经济发展的空间，为进一步融入国际市场做好了准备。19 世纪 70 年代，30 年前修建的蓬塔雷纳斯港公路运输承载量早已不堪重负，政府有意修建中央山谷至加勒比地区的铁路，却受制于技术落后、资金匮乏和贪污腐败等问题，项目落实困难重重。由此可见，独立后的哥斯达黎加咖啡产业迅猛发展，国内日益增长的基础设施建设的需求却难以满足经济的拓展。

19 世纪中后期，在政府和天主教会的共同努力下，哥斯达黎加的世俗制度逐渐行稳致远，对促进社会稳定和文化认同起到了积极作用。哥斯达黎加自独立之日起，便有意向罗马教廷争取在本国任命独立的主教的权力；1850 年，罗马教皇庇护九世宣布建立哥斯达黎加圣何塞主教教区，任命安塞尔·莫洛伦特·拉福恩特担任第一任主教；1852 年，哥斯达黎加与罗马教廷签订宗教事务条约。按照规定，哥斯达黎加主教有义务监管全国教育活动在天主教教义的指导下顺利进行。在拉斐尔·莫拉执政期间，政府和教会终于在长期的权力斗争中找到了相对的平衡，一方面，教会不仅获得政府专项拨款满足其日常开支，还被免除了自 1825 年起逐年上涨的什一税；另一方面，哥斯达黎加共和国总统有权任免主教以及其他教职。然而，世俗权力和教会权力之间的现实冲突仍然持续至 19 世纪末，哥斯达黎加自由派无法接受教会对教育横加干涉，但大部分哥斯达黎加人是天

主教徒,遵从神父的精神指示实属正常,自由主义者无力阻止,唯有继续充当孤独的社会少数派。

1847年,自由主义者何塞·玛丽亚·卡斯特罗·马德里斯当选总统。这位总统在第一共和国建国之初的经济社会发展中,发挥了重要的作用,却在1849年何塞·曼努埃尔·基罗斯·布兰科将军发动的军事政变中匆匆下台,从此开启了拉斐尔·莫拉长达十年的统治(1849—1859)。

1849年、1853年连续两次当选总统的拉斐尔·莫拉没有完全走上独裁专政的道路,但其政府具有寡头政治的鲜明特点。在他执政期间,独立后的哥斯达黎加共和国在国际上获得广泛的承认,经济社会发展一片向好。国内方面,莫拉实行铁腕统治,一手解散议会,一手抓住军权,同时大力实施强军战略,打造了中美洲战斗力最强大的军队。国际方面,1850年,莫拉政府与罗马教廷签订条约,拿回了哥斯达黎加成为世俗国家的主动权。1858年,与尼加拉瓜签订边界条约,基本解决了北部边界问题。1855年至1857年的国家战争前后,莫拉总统的声望在整个中美洲达到了空前的高度。1858年前后,政府成立银行发行国债引发国内大庄园主的强烈不满,与哥斯达黎加大咖啡种植园主产生的利益冲突为莫拉政权垮台埋下了伏笔。1859年8月14日,曾经风光无限的莫拉在反对派发动的政变中被拉下了马。

1859年,莫拉谋求1859—1865年总统任期连任失败,反对派领袖大咖啡园主何塞·玛利亚·蒙特亚莱格雷·费尔南德斯登上了权力宝座。哥斯达黎加政府颁布《1859年宪法》,宪法规定总统任期从六年缩短至三年(根据《1847年宪法》规定,哥斯达黎加总统任期是六年)。1860年,蒙特亚莱格雷赢得大选正式成为宪法总统,前总统莫拉发动革命失败,被判处死刑。1863年,赫苏斯·希门尼斯·萨莫拉接替蒙特亚莱格雷担任共和国总统。1866年,在1847年政变中下台的卡斯特罗·马德里斯第二次当选新一届总统。1868年,希门尼斯发动政变再次颠覆了卡斯特罗政权。1870年,社会矛盾进一步被激化,新一轮军事政变把托马斯·瓜迪亚·古铁雷斯推上哥斯达黎加的历史舞台,第一共和国即将迎来自由主义者当政的春天。

1849年至1870年期间,哥斯达黎加第一共和国似乎被打上了寡头政治的烙印:强权的总统把握着国家政治运行机制,在某种程度上,甚至模糊了和独裁专制统治者的界线,一连串军事政变和间接选举让政权更迭难以正常实现;当时国家的实际权力掌握在大咖啡园主手中,所谓的宪法总统一旦触犯了大咖啡园主的利益,留给“总统们”的只有出局一条路。

第二节　自由主义时期(1870—1936)

1870年至1889年期间，支持自由主义的军队掌握了哥斯达黎加政权。在第一共和国成立之初的二十年,即使军事政变再频繁也依然是文官政府主宰国家,19世纪后期哥斯达黎加的政治特征却明显留下了军人政府统治的痕迹。不同于拉美地区军人政府普遍意义上的强权暴政，这一时期的哥斯达黎加自由主义军政府中，不少知识分子和平民专家共同组成出色的领导班子，在加速国家现代化进程和代议制民主落地生根方面,发挥了至关重要的作用。

1870年,希门内斯政权在军事政变中垮台,代表资产阶级的托马斯·瓜迪亚上台执政。1872年,作为唯一的总统候选人,瓜迪亚当选《1871年宪法》承认的总统。1876年,阿尼塞托·埃斯基韦尔·萨恩斯同样作为唯一的候选人当选总统,试图摆脱瓜迪亚控制的埃斯基韦尔很快在政变中下台,但《1871年宪法》实际处于中止状态。1877年至1882年期间,瓜迪亚再次出任总统,在无议会状态下执政。1882年4月,《1871年宪法》恢复其法律效力,政府宣布举行总统和议会选举。1882年7月6日,军人独裁者瓜迪亚去世,唯一的候选人普罗斯佩罗·费尔南德斯·奥雷亚穆诺将军当选总统。1885年,费尔南德斯意外身亡,贝尔纳多·索托·阿尔法罗赢得了当年的大选执政至1889年。1889年11月,反对派领导人何塞·华金·罗德里格斯在大选中胜出，时任总统索托没有再陷入反复颠覆政权的怪圈，出人意料地承认选举结果有效,正是他选择主动放弃权力,才避免了新一轮军事政变甚至内战的发生。

在此值得一提的是,从1870年执政到1882年去世,托马斯·瓜迪亚往往被看作是一位专制独裁的统治者,但正是他奠定了19世纪末哥斯达黎加经济腾飞的物质基础和制度保障。一方面,推进法律和政治体制改革,保障自由主义发展,控制意图发动新一轮政变的军队。另一方面,发展农业资本主义，打破大咖啡庄园主的垄断经营，鼓励种植咖啡、蔗糖、香蕉等重要经济作物。加强基础设施建设,国内的大西洋铁路和太平洋铁路基本建成。

瓜迪亚政府颁布的《1871年宪法》具有典型的自由主义特征,同时赋予总统大权,并实行中央集权。宪法主要涵盖以下内容:法律面前人人平等,确保公民的个人财产所有权、思想自由权、言论自由权、宗教自由权、接受教育权等基本权利;在立法上,议会实行一院制,每两年对半数议员进行换届选举,采用间接选举制度;在司法上,每年5月至7月期间,举行为期三个月的立法大会,其余时间设立由五位

议员组成的常委会,法官由议会任免;在行政上,总统任期是四年,禁止连续两届连任,政府职权包括选举监督、人事任免、公共安全、财政和外交等;在教育上,基础教育阶段实行全面免费义务教育(不论男女)等。在法律制度层面,从哥斯达黎加第一共和国以来,历届政府陆续颁布了一系列宪法(1847年、1848年、1859年、1869年、1871年和1917年),中间经历了数次宪法废立的曲折历程,在建设国家基本制度的道路上不断摸索前进,有效规范了哥斯达黎加的政治、经济和社会生活。最终,在托马斯·瓜迪亚一代自由主义者的不懈努力下,最终确立了《1871年宪法》作为哥斯达黎加长期以来行之有效的国家最高法律法规,这意味着自由主义政府的政治主张将会保持整体性、稳定性和一贯性。正如西班牙历史学家埃克托尔·佩雷斯·布里格诺里所言,“秩序和进步”也许是对哥斯达黎加第二代自由主义者制定国家方针政策的最佳注解。在体制改革层面,依靠19世纪中后期对外贸易的繁荣和咖啡出口的高峰,丰厚的关税收入为第一共和国的国家现代化进程提供了物质基础,瓜迪亚对哥斯达黎加的军队和官僚体制进行了现代化改革。一是强调哥斯达黎加军队的训练和装备水平,常备军规模维持在500人左右,另组建了一支由数艘蒸汽动力战舰组成的小规模海军。19世纪末,环顾整个中美洲地区,哥斯达黎加军队的军事力量不容小觑。二是在官僚体制上，哥斯达黎加的官僚规模进一步扩大，1880 年，公职人员数量大约有 2000 人（包括教师和军人）；1900 年，人数上升至 3500 人左右；1913 年，人数几乎接近 5000 人。按照当时的人口规模计算，每 1000 名哥斯达黎加居民中有 10 位公务员。对后世影响深远的还有涉及户籍制度的重大改革，1864 年至 1883 年期间，哥斯达黎加实现了第一共和国建国后的第一次现代化全国人口普查。1883 年，哥斯达黎加统计和人口普查局成立。

毫不夸张地说，独裁者瓜迪亚是哥斯达黎加近现代铁路交通网络重要的奠基人之一，在他的统治临近结束之际，哥斯达黎加连接东部大西洋和西部太平洋两岸铁路的主要路段相继完工，经过圣何塞、卡塔戈、利蒙和蓬塔雷纳斯等主要城市。1871 年，东部加勒比海岸的利蒙港建成，投入使用不久，瓜迪亚政府计划修建从首都圣何塞通往利蒙的铁路，和美国人亨利·梅格斯签订了工程造价高达 160 万英镑的合同。初始阶段工程进展十分顺利，1873 年，中央山谷地区阿拉胡埃拉与卡塔戈、东部加勒比海地区利蒙与马蒂纳两条铁路双双建成通车。但是，受制于复杂的施工条件、高昂的工程造价和短缺的劳动力，政府不得不搁置下一步打通两条铁路乃至实现铁路网纵深发展的计划。1890 年 12

月，建设工期长达19年的圣何塞—利蒙铁路终于大功告成,这离不开瓜迪亚政府的大力支持,美国人迈纳·库珀·基斯(加勒比铁路工程承包商梅格斯的侄子)在中间扮演了非常关键的角色。1879年,迈纳·库珀·基斯接管铁路建设项目,中途一度因为资金短缺而停工;1883年,为了解决施工困难和外债累累的问题,哥斯达黎加政府签订了“索托—基斯合同”,用铁路建成通车作为条件,基斯拿到了铁路特许经营所有权(限期99年),后来哥斯达黎加政府把铁路所有权转让给哥斯达黎加铁路公司(政府占股比例约为三分之一);1885年,基斯设法发行铁路债券;1890年,加勒比铁路终于建成。1901年,咖啡价格大幅下降,陷入经济危机的政府不得不出售铁路公司的股份。哥斯达黎加几条主要铁路投入运营,有效地改善了国内交通条件,不仅降低了咖啡出口的运输成本,也促进了港口设施升级换代和金融业的发展。19世纪中期,总部位于伦敦、波尔多和汉堡的贸易公司热衷于采购哥斯达黎加的产品,哥斯达黎加的主要出口目的国是英国、法国和德国。从哥斯达黎加到欧洲的航运时间明显缩短了:哥斯达黎加的主要出口产品,以往需要从太平洋沿岸的蓬塔雷纳斯港出发绕道南美洲最南端的合恩角,最终抵达欧洲。如今从大西洋加勒比海沿岸的利蒙港出发便可直达欧洲。

1890年至1906年期间，尽管迫害反对派或选举作弊的事件仍时有发生，但哥斯达黎加没有重蹈覆辙走上自由主义军政府循环政变的老路。1890年，宪法党总统候选人华金·罗德里格斯上台执政。1892年，罗德里格斯总统解散议会，《1871年宪法》作为制度保障治理国家直至任期结束。1894年，反对派天主教联盟党在大选中获胜，罗德里格斯政府宣布选举结果无效，再次中止《1871年宪法》。在反对派被压制禁声的情况下，官方候选人拉斐尔·伊格莱西亚斯·卡斯特罗成为合法的民选总统。1897年，议会不惜修宪，以达到伊格莱西亚斯总统连任的目的。1898年，伊格莱西亚斯在大选中故技重施，迫使反对派退出，再次轻而易举地赢得了总统大选。然而，由于咖啡价格下降，引发了经济危机，加上实行金本位货币制度带来的混乱，伊格莱西亚斯第三次执政的计划很快失败。1902年，曾在1889年的大选中败选的阿森西翁·埃斯基韦尔·伊瓦拉代表全国联盟党出击选战，在第二轮选举中凭借79%的支持率，获得了压倒性的胜利。

1906年至1936年期间，“奥林波一代”登上了哥斯达黎加的历史舞台。他们坚定地走自由主义路线，同时不排斥实用主义。在社会阶层上，他们中既有人来自大咖啡庄园园主家族，也有人出身处于上升期的中产阶级家庭。在思想上，

受到墨西哥革命和欧洲社会主义等思潮的影响，他们笃信民主原则和制度改革,属于相对温和的反教会势力。“奥林波一代”中可谓人才辈出,代表人物包括克莱托·冈萨雷斯·维克斯、希门尼斯·奥雷亚穆诺、毛罗·费尔南德斯、曼努埃尔·德赫苏斯·希门尼斯、阿尔韦托·布雷内斯·科尔多瓦等。

在“奥林波一代”执政的三十年时间里,冈萨雷斯·维克斯出任两届总统(1906—1910,1928—1932),希门尼斯·奥雷亚穆诺更是三次执政(1910—1914,1924—1928,1932—1936)。1914年至1924年期间,政权更迭相对频繁,十年间有三位总统上台，政治秩序较为混乱,“唯一候选人”“议会任命”和“军事政变”成为政治关键词。1913年,由于参加总统大选的三名候选人均未能获得绝对多数选票，议会任命冈萨雷斯·弗洛雷斯担任共和国总统。1917年1月,冈萨雷斯·弗洛雷斯谋求连任的谣言四起,费德里科·蒂诺科·格拉纳多斯发动政变夺取了政权。上台伊始,蒂诺科赢得了尤其是上层阶级在内的广泛支持，在随后举行的总统大选中作为唯一的候选人全票当选。1917年6月,蒂诺科在新宪法面前正式宣誓就职,成立了两院制新议会。然而,流亡美国的前总统弗洛雷斯公开和新政府唱反调，国内的经济危机日益严峻。美国总统伍德罗·威尔逊拒绝承认蒂诺科政权。面对内忧外患的重重压力，蒂诺科选择的出路竟然是迫害反对者。1918 年至 1919 年期间,哥斯达黎加国内掀起了数次反抗蒂诺科的民众起义。1919 年 9 月,蒂诺科军事独裁政权垮台,此时美国有意干涉继任者问题。最终,美国迫使哥斯达黎加议会任命的总统胡安·包蒂斯塔·基罗斯辞职,并将权力移交给弗朗西斯科·阿吉拉尔·巴尔克罗。临时总统阿吉拉尔上任后,哥斯达黎加国内逐渐恢复了正常秩序,《1917 年宪法》被废除,再次启用《1871 年宪法》。1919 年 12 月,反对蒂诺科的起义军领袖——胡利奥·阿科斯塔·加西亚作为唯一的候选人在总统大选中获胜。蒂诺科事件为哥斯达黎加民主共和制留下了两个非常重要的政治遗产,一是彰显了民选总统赢得人心的优越性,二是创造了军人政权衰落数十载的有利条件。

"奥林波一代"执政期间,尽管选举腐败和政治交易现象仍然时有发生,但从直接投票到无记名投票,哥斯达黎加选举制度不断完善,为将来公民进行更加广泛的政治参与铺平道路。然而,哥斯达黎加仍然缺少一套准确无误的选举操作流程和一个独立自主的专门机构负责全程监督选举。1913 年,确立了直接投票制度,农村中产阶级取代地方名流更加积极地参与政治。1925 年,确立了无记名投票制度,选举的游戏规则发生重大的改变,选举结果变得更加真实有效。但是,20 世纪上半叶,哥斯达黎加选举背后的暗箱操

作仍然令人咋舌，选举结果的产生意味着新一轮暗中角力和利益交换的开始。在1914年、1924年和1932年的大选中，由于没有任何一个总统候选人获得绝对多数的选票，最终由哥斯达黎加议会任命合适的人选担任总统。直至20世纪40年代，在新的政治力量出现的背景下，哥斯达黎加选举制度改革才真正开始落实。此外，20世纪二三十年代，共产主义者走上了哥斯达黎加的政治舞台，尽管他们并未登上执政党的宝座，却逐渐成长为一支不可忽视的政治力量。

哥斯达黎加共产党

20世纪20年代，受到墨西哥革命、欧洲社会主义、苏联布尔什维克主义以及秘鲁阿普拉运动等的重要影响，在与外国垄断公司（如美国联合果品公司）进行反帝国主义的斗争中，哥斯达黎加手工业者、工人和知识分子逐渐团结在一起形成了新的政治力量。

1931年6月16日，哥斯达黎加共产党（即后来的人民先锋党）执行委员会第一次会议在首都圣何塞召开。第一届委员会主要成员包括曼努埃尔·莫拉·巴尔韦德、贡萨洛·蒙特罗·贝利、路易斯·卡瓦略·科拉莱斯等人。

1931年8月22日，《劳动报》刊登了哥斯达黎加共产党的最低纲领，纲领突出了一个为了维护工人阶级的利益而诞生的政党，根本宗旨和奋斗目标是为了改善哥斯达黎加人民的生活条件，“所有的权力都是为了工人阶级”。在最低纲领(1931年)中，共产党提出建立国家社会保障制度，解决失业、工伤、疾病、产假等问题。此外，共产党将致力于实现同工同酬、八小时工作制、最低工资、工会组织法律、住房、女性政治平等方面的愿景。

20世纪30年代，哥斯达黎加共产党领导人坚定地发展具有本国特色的共产主义道路，其基本政治路线包括：1. 尊重民主；2. 反对照搬任何与哥斯达黎加政治、经济和社会不适应的发展模式；3. 对宗教持中立态度；4. 尊重哥斯达黎加国家传统；5. 尊重私人财产，仅限制巨额财产，并对其规范用于造福人民；6. 巩固家庭作为社会的基础；7. 严惩犯罪和恐怖主义等。

在成立后的数十年里，共产党一直通过工会组织和社会运动搞“社会革命”。1934年香蕉种植园工人罢工后，共产党领导工会组织的斗争规模不断扩大，在一定程度上促进了哥斯达黎加的政治生活的民主化进程。从整个20世纪来看，为了改善哥斯达黎加人民的生活，哥斯达黎加共产党在经济、社会和法律改革等做

出了贡献,比如,《劳动和社会保障法》。

19世纪末,在世界上的大多数国家流行金本位制,哥斯达黎加同样采用了相对稳定的金本位制货币体系,尽管这有利于商品转型和资本流动,但容易受到国际市场的影响,造成国内金融业动荡。1884年,即“索托—基斯合同”签订的同年,政府签订“索托—奥尔图尼奥合同”,授权1877年成立的联盟银行垄断货币发行权,哥斯达黎加实施单一通货制,从1900年开始实行新的货币制度。1890年,联盟银行更名为哥斯达黎加银行。1896年,时任总统拉斐尔·伊格莱西亚斯顺应时势,提出落实货币改革,即在金本位制的基础上发行单一货币替代流通中的其他货币,经国家最高立法机关批准,哥斯达黎加建立比索—银和科朗—金的新货币体系。1899年,政府用哥斯达黎加铁路公司的股份作为担保,与英国著名的巴林银行签订了一项总额为15万英镑的贷款协议,为发行新货币所需的黄金储备打下了坚实的物质基础。1900年,在金本位制基础上发行的新货币(即哥斯达黎加科朗)开始在哥斯达黎加境内流通。20世纪初,实施新的货币制度后,哥斯达黎加银行不再垄断货币发行权,转而向其他银行逐步开放货币发行权。为了应对第一次世界大战和国际市场崩溃引发的经济危机,冈萨雷斯·弗洛雷斯总统实施国家干预经济政策，提出了包括征收所得税和土地财产税在内的一系列财税改革。1914年，哥斯达黎加国际银行正式成立。这是一家主要承担财政收支和刺激信贷职能的国有银行。长期以来，哥斯达黎加的税收体系主要依赖关税作为经济来源，此举意在调整国家的税收结构——从单一的关税收入转变为多元的所得税、资本税和财产税。但是，上述举措“牵一发而动全身”，让全体国民陷入了水深火热之中，不仅引起了传统的咖啡从业者的不满，同样受到影响的还有其他大众行业、被动降低薪资待遇的公职人员以及外国投资者。1916年下半年，签订石油开采协议后，冈萨雷斯总统与议会发生了正面冲突。1916年年底通过的财税改革案，成为1917年反对冈萨雷斯政变的导火索。1921年，哥斯达黎加国际银行享有货币发行权，开始逐渐扩张其业务范围。1924年，哥斯达黎加国家保险银行成立，同样拥有货币发行权，哥斯达黎加国有资本在银行金融领域日渐吃重。

从19世纪80年代到20世纪30年代，哥斯达黎加的香蕉贸易经历了盛衰起伏，政府与美国投资者签订了一系列香蕉贸易合同，美国商业巨贾在哥斯达黎加赚得盆满钵满的同时，哥斯达黎加政府解决了国家现代化建设资金难的问题。修建圣何塞—利蒙铁路的基斯惊喜地发现，铁路沿

线具有种植香蕉的良好自然条件，哥斯达黎加香蕉可以直接出口新奥尔良进入美国市场。美国人基斯从中敏锐地嗅到了商机，有意把利蒙打造成哥斯达黎加重要的香蕉出口港。1883年,基斯开始有条不紊地落实香蕉贸易项目,包括购买种植香蕉的土地,申请政府出口免税证明,提高利蒙港现代化建设水平等。根据“索托—基斯合同”,基斯享有33.3万公顷土地的20年使用权,香蕉种植园的土地问题就此解决。哥斯达黎加政府在基斯的帮助下成功地实现了铁路建设和香蕉贸易一箭双雕。事实证明,香蕉贸易带来的收益有效地填补了铁路建设的资金缺口。圣何塞与利蒙铁路建成后，基斯向政府申请并拿下了利蒙南部铁路的修建权和铁路沿线每千米500公顷的土地使用权，放开手脚在哥斯达黎加开拓香蕉业务。19世纪末,基斯与美国波士顿工商业巨头安德鲁·普雷斯顿携手成立了联合果品公司,不断吞并竞争对手,积累了巨额财富,逐渐成长为中美洲和加勒比地区的商业巨头。其中,联合果品公司在哥斯达黎加利蒙地区打造了一个庞大的香蕉帝国,包括土地、种植园、铁路、港口和船舶等。1892年,哥斯达黎加议会通过了对每一串香蕉加征2.5%出口关税的提案,却被顾及香蕉供应商利益的总统罗德里格斯否决。1907年,议会通过对出口香蕉加征关税的提案,遭到了总统维克斯的否决。1909年,议会和联合果品公司终于达成一致,按照“希契科克—罗默瑟合同”的规定,在20年内对每一串香蕉加征1%出口关税。20世纪初,“香蕉巴拿马病”在哥斯达黎加悄无声息地蔓延,香蕉种植业者却苦于无根治的良方。从此哥斯达黎加利蒙地区开始逐渐失势,洪都拉斯等一跃成为香蕉新贵。哥斯达黎加的香蕉版图扩张一直持续到20世纪20年代中期,除了基斯的联合果品公司以外,一大批出口商人建立了香蕉种植园。1930年,议会批准在20年内对每一串香蕉加征1%出口关税,同时联合果品公司承诺,在太平洋地区种植1500公顷的香蕉。1930年,哥斯达黎加爆发“叶斑病”,在哥境内的联合果品公司香蕉种植园从传统的加勒比沿岸地区转向太平洋沿岸地区。1934年8月至9月,利蒙爆发了香蕉种植园工人大罢工事件,哥斯达黎加政府与联合果品公司的关系逐渐陷入低潮。1938年,按照“科尔特斯—奇滕登合同”的规定,哥斯达黎加香蕉公司承诺,在太平洋地区开发4000公顷香蕉种植园,在戈尔菲托和克波斯修建港口。1940年,联合果品公司彻底放弃了利蒙香蕉种植园。

从19世纪70年代到20世纪30年代,哥斯达黎加依然是一个不折不扣的农业国,农村人口超过全国总人口的八成,农业用地同样呈增长态势。尽管拥有得天独厚的肥沃土地,诸多不利条件却极大地限制了农业的发展。缺乏现代

农业技术的支持,导致农业劳动生产率低下,自给自足的小农经济占主导地位,提供谷物、甘蔗、家畜产品等。加上交通运输效能不足,在中央山谷地区进行大规模农业开发几乎变成了一种奢望。同时,哥斯达黎加城市化进程持续推进,城镇土地和人口规模不断扩大。首都圣何塞的人口和经济增长居全国城市之首,第二大城市卡塔戈稍逊于圣何塞,其他重要城市如阿拉胡埃拉(Alajuela)和埃雷迪亚发展势头良好,此外还有一些新崛起的中小城市。在主要经济作物方面,咖啡种植在中央山谷地区继续扩张,香蕉种植则占据加勒比海的低地地区;如果说东部加勒比海沿岸的利蒙港成就了香蕉贸易,那么西部太平洋沿岸的蓬塔雷纳斯港则助推了咖啡出口。1897年,政府与约翰·凯斯门特签订合同,修建一条从首都通往太平洋地区的铁路。1910年,圣何塞—蓬塔雷纳斯铁路竣工,一方面降低了铁路沿线的交通成本,另一方面加速了周边地区的农业扩张。1914年,巴拿马运河开通,蓬塔雷纳斯港与利蒙港开始竞争哥斯达黎加第一大港口城市。由于太平洋沿岸地区人口的不断增长,蓬塔雷纳斯港成为连接哥斯达黎加尼科亚湾沿岸地区、太平洋沿岸地区和巴拿马的重要交通枢纽和经贸中心。1925年,经过港口基础设施建设的升级换代,加上太平洋铁路的电气化改造工程,蓬塔雷纳斯港被打造成了连接哥斯达黎加中央山谷地区、太平洋沿岸地区和大西洋沿岸地区的核心枢纽城市。

19 世纪中后期,自由派和保守派围绕着哥斯达黎加主教开始明争暗斗。1871 年,哥斯达黎加第一任主教去世。当时有两位候选人共同竞争新任主教一职:弗朗西斯科·卡尔沃神父支持自由主义,他一手创立了哥斯达黎加共济会,和自由主义政府领袖卡斯特罗·马德里斯、托马斯·瓜迪亚保持着密切的联系,1853 年至 1890 年一直担任军队神父;多明戈·里瓦斯神父则是典型的保守派人士,不仅与刚刚去世的主教过从甚密,还曾担任赫苏斯·希门尼斯政府的议会主席。1871 年,危地马拉正在进行一场轰轰烈烈的自由主义革命,总统胡斯托·鲁菲诺·巴里奥斯下令没收教会土地,甚至驱逐教会团体。危地马拉总统巴里奥斯希望中美洲地区的其他国家加入反教会运动的行列;哥斯达黎加总统瓜迪亚有意借鉴部分做法,却无意成为巴里奥斯的傀儡。1875 年,瓜迪亚批准教会参与管理圣路易斯·贡萨加学院,甚至更进一步同意开办修女学校。1881 年,悬而未决的哥斯达黎加主教人选尘埃落定,权衡利弊之下的瓜迪亚最终提名了卡尔沃神父和里瓦斯神父之外的第三人选担任哥斯达黎加新任主教。19 世纪中后期,世俗权力成功压制教会权力,在教育改革和民事登记制度上大获全胜,教会在与政府的

新一轮冲突中败下阵来。1882年，独裁者瓜迪亚去世，《1871年宪法》尚未全面生效，彼时《民法典》和《教育法》亟待修订；1884年，普洛斯佩罗·费尔南德斯政府颁布了一系列反教会法令，包括驱逐泰尔主教、驱逐教会团体、中止《1852年宗教条约》等；1885年，政府颁布《国民教育法》；1886年，著名的《教育法》出台，根据法律规定，为了进一步落实教育世俗化，教会无权干涉任何教学活动，哥斯达黎加所有的学校取消宗教课程。1888年，哥斯达黎加新《民法典》正式生效，为婚姻世俗化提供了法律保障和制度基础，确立婚姻自由权(包括结婚和离婚)以及结婚、出生和死亡等登记制度。大名鼎鼎的哥斯达黎加主教贝尔纳多·阿古斯托·泰尔被流放。教会与政府一致同意，在天主教婚姻中，教会牧师与政府负责民事登记的公务员具有相同的法律效力。19世纪末，一度卷土重来的哥斯达黎加教会，最终还是彻底地退出了政治生活，从此哥斯达黎加的教权完全受制于民权。在泰尔主教的出色领导下，教会外围社团积极投身政治活动，领导天主教联盟党在1889年大选中异常活跃，成功当选的总统罗德里格斯(1890—1894)与哥斯达黎加教会建立了不够稳固的政治同盟关系。可以预见，自由派和反教会势力对此心有不甘。1893年，天主教联盟党由于选举作弊被迫出局。1895年，议会通过修宪正式限制教会永不参与政治。1899年,罗马教廷宣布接受哥斯达黎加宪法修正案,从此教权完全遵从民权。

从19世纪后期开始,哥斯达黎加历届政府对教育的重视程度与日俱增,正是百年前的教育投入奠定了第二共和国时期哥斯达黎加焕然一新的教育面貌。得益于第一共和国第一届政府(1847—1848)领导人的高度关切,在时任教育部部长毛罗·费尔南德斯的大力推动下,影响深远的《1886年教育法》终于得以问世。教育是一项关系到国家未来的百年大计,全身心投入教育改革的费尔南德斯梦想着有朝一日哥斯达黎加能够成为一个人才强国。当时提出了“教育高于一切”的口号,哥斯达黎加政府高度重视中小学教育,投放了大量资源用于校园建设、师资培养以及改善教师薪资待遇等方面。1914年,成立了专门培养教师的哥斯达黎加师范学校,培养了一大批出身寒微却立志投身教育事业的人才。在罗伯托·布雷内斯·梅森、华金·加西亚·蒙赫和奥马尔·登戈等大师的悉心指导下,师范学校逐渐在哥斯达黎加的社会精神生活中发挥了重要的作用。

20世纪二三十年代,第一次世界大战造成的混乱局面结束,哥斯达黎加第一共和国迎来了国家实现跨越式发展的黄金二十年,在“奥林波一代”的领导下,哥斯达黎加的政治制度不断完善,国家现代化进程持续推进,人民的物质生

活水平稳步提升,逐渐成长为第三世界令人欣羡的“咖啡共和国”和“香蕉共和国”。

第三节　改革派国家时期(1936—1948)

20世纪40年代,新一轮重大的政治、经济和社会变革正逐渐在哥斯达黎加内部积蓄力量。19世纪后半期,在政治上,贪污腐败和利己主义充斥政坛,制度变革的声音呼之欲出,《1871年宪法》首当其冲。在经济上,发展单一经济的局限性使得哥斯达黎加人民屡次陷于水深火热之中,经济多元化战略和产业结构调整的重要性日益凸显。在社会上,社会结构无法与生产方式相适应,城市中产阶级逐渐成长为社会的中坚力量,中产阶级却对经济危机造成的局面感到失望。新兴工人阶级渴望更多的机会参与政治,提高社会地位,改善生活条件,增加教育机会。在文化上,哥斯达黎加的传统价值观似乎正在被摒弃,当权者若无法顺应民意,随之而来的后果可想而知。

20世纪二三十年代,在总统冈萨雷斯·维克斯(1928—1932)执政期间,哥斯达黎加已经逐渐陷入了财政收入锐减、财政赤字激增和货币贬值的深渊中。希门尼斯·奥雷亚穆诺在他的最后一个总统任期(1932—1936)遭遇了史上最严重的经济危机；到了特奥多罗·里卡多(1944—1948)政府上台，哥斯达黎加政府不得不抛弃了传统的自由主义，对经济干预的程度持续加重，一方面尽力延长外债偿还期限，另一方面想尽办法遏制国内失业率上升。到了20世纪三四十年代，哥斯达黎加陷入严重的经济危机。首先，整个世界笼罩在战争的阴霾中，经济大环境不景气。其次，第二次世界大战对国际贸易造成了毁灭性打击，咖啡和香蕉的价格急剧下跌，加上哥斯达黎加的进口持续收缩，发展单一经济带来的不良后果日益凸显。再次，此前哥斯达黎加的农业扩张相对容易，进入20世纪30年代，开垦农业用地逐渐面临无地可垦的窘境，哥斯达黎加农业出口生产用地遭遇土地肥力枯竭和虫害的双重打击，长此以往危险的社会冲突开始蔓延。此外，咖啡和香蕉两大传统经济作物涉及的相关产业关系哥斯达黎加国家经济命脉。进入20世纪，企业和工人之间的冲突却日益尖锐，企业向工人提供的工作条件和薪资待遇愈发恶劣，1934年爆发的香蕉种植园工人大罢工事件将20世纪上半叶哥斯达黎加工人运动推上一个高潮。20世纪30年代末，银行信贷系统同样经历了一次大刀阔斧的重组：1936年，哥斯达黎加国际银行改组成了哥斯达黎加国家银行；政府成立银行监督机构，负责监管私人银行的日常运作；1937年，政府成立农村信用社，信贷政策的适

用范围进一步扩大，信用社的服务对象主要是国内中小企业。政府出手干预经济的常见做法——为拉动经济而启动公共投资。在此期间进行的公共工程建设发挥了一定的积极作用,尤其是在桥梁和道路建设取得了一定的进展,汽车运输业借机在哥斯达黎加国内扩张版图。在20世纪前半期的新一轮开荒潮中，开垦农业用地竟然成为了促进哥斯达黎加社会流动中的重要动力之一。对于无产阶级而言,包括没有私人财产的工人和农民，开荒占地意味着直接改善生活条件,工作和梦想交织形成了新的希望。1935年,哥斯达黎加进行第一次全国咖啡种植园人口普查,在调查中发现,某些拥有百年历史的大咖啡种植园土地生产率十分低下,轰轰烈烈的新一轮农业开荒潮在哥斯达黎加全国涌动起来,从家乡一起出发的亲朋好友和邻居纷纷组团进军荒山,在充满未知的开荒之旅中,有人移民到偏远山区定居,有人抓住机会富裕了起来。

在两次世界大战和中美洲动荡中依旧初心不改、风雨兼程，第一共和国独立共和政权已然在哥斯达黎加落地生根，但国家的现代化进程亟须哥斯达黎加的仁人志士提供切实有效的解决方案。20世纪前半期出现了两位重要的代表人物：一位主张向右走——继续实行新自由主义的罗德里戈·费西尔(Rodrigo Facio),另一位打算向左走——激进改革派精神导师罗伯特·布雷内斯·梅森。费西尔提出走“现代自由主义”路线,一是大力实施经济多元化战略,降低片面依赖传统经济作物造成的负面影响，二是政府出手保护弱势中小生产者群体的利益，巩固哥斯达黎加社会阶层的根基。梅森最初支持现代主义运动,后曾尝试求教于神学和东方哲学,主张走社会改革路线,在思想上与自由主义保持距离,建立廉洁高效的公务员制度,提高公共管理现代化水平。20 世纪一二十年代,梅森先后出任弗洛雷斯和蒂诺科政府的教育首长，蒂诺科政府垮台后赴美生活的梅森仍然笔耕不辍,在哥斯达黎加国内主要报刊上发表文章。20 世纪三四十年代，梅森被国家问题研究中心青年一代奉为精神导师。在 1948 年哥斯达黎加内战期间,梅森的支持对改革派政党社会民主党至关重要。

20 世纪 40 年代，哥斯达黎加旧自由主义顺应时势必将走上改革之路，但哥斯达黎加人民面临到底跟谁走的重大选择:一是跟着最激进的哥斯达黎加共产党走;二是跟着改革派民主社会党走;三是跟着初出茅庐的民主行动党走,1944 年成立的民主行动党由后来称霸政坛的何塞·菲格雷斯·费雷尔领导;四是跟着聪明地利用天主教社会教义笼络人心的民族共和党走。在 1940 年起任职的圣何塞主教维克托·萨纳夫里亚的大力支持下,民族共和党坐稳了哥斯达黎

加第一大执政党的宝座,1936年至1948年期间,哥斯达黎加连续三届总统均出自民族共和党：莱昂·科尔特斯(1936—1940)、拉斐尔·安赫尔·卡尔德龙·瓜迪亚(1940—1944)和特奥多罗·皮卡多(1944—1948)。

毫无疑问，民族共和党总统中影响力最大的要数卡尔德龙·瓜迪亚,1948年哥斯达黎加内战的爆发离不开此人的推波助澜。20世纪40年代初,卡尔德龙·瓜迪亚打算出任民族共和党党首,刻意疏远前总统莱昂·科尔特斯。与科尔特斯关系破裂后，卡尔德龙急于寻找新的政治合伙人填补空缺,他瞄准了新兴共产主义政党工人和农民团体(以下简称“工农团体”),并试图与其建立政治联盟掌控哥斯达黎加的政权。1940年,曼努埃尔·莫拉·巴尔韦德领导的工农团体在总统大选中获得10%的支持率，尽管无法和取得84%选票压倒性胜利的民族共和党抗衡，却展示了一个小规模政党的组织性和战斗力。在第二次世界大战反法西斯斗争的背景下,卡尔德龙·瓜迪亚领导的民族共和党与曼努埃尔·莫拉领导的工农团体选择政治联姻似乎顺理成章。在曼努埃尔·莫拉的领导下,哥斯达黎加共产主义者解散了工人和农民团体,组建了人民先锋党,提出了一系列涉及国家安全、经济发展和社会改革等方面的基本纲领和路线。1943年6月14日,共产主义领导人莫拉和哥斯达黎加主教萨纳布里亚阁下之间通过一次著名的书信交换向世人昭示天主教教会对人民先锋党的支持。1944 年 2 月,获得人民先锋党支持的民族共和党推选总统候选人特奥多罗·皮卡多迎战另起炉灶的莱昂·科尔特斯,民族共和党最终凭借 65%对 35%的支持率大获全胜继续执政。1940 年至 1944 年期间,卡尔德龙·瓜迪亚提供的社会改革方案在一定程度上促进了哥斯达黎加社会的进步。某些举措遭到国内旧自由主义者的强烈反对,却无力阻止改革方案的实行,卡尔德龙政府借机与天主教会建立了更加紧密的同盟关系。1941 年,哥斯达黎加社会保险基金成立。1940 年至 1942 年期间,政府颁布了一系列法律法规,包括允许神父从事教学工作,在小学恢复宗教选修课,承认修道院教职和宗教集会等。1942 年 5 月,政府出台了新的《社会保障法》,《社会保障法》被纳入《宪法》成功俘获了工人阶级的心,主要内容包括八小时工作时间制;在社会保险基金的管理下,规定了最低工资、带薪休假和工会自由等权利;涉及生老病死的强制保险等。1943 年,政府颁布了《劳动法》,从法律层面上规范了雇主与工人之间的关系。尽管当时带来的直接效果也许并不显著,卡尔德龙的社会改革方案却获得了广泛的民意支持。举个例子,哥斯达黎加社会保险基金的资金起初非常有限,多年后保险范围才真正地扩大到各个阶层的人民群众。20 世

纪40年代,卡尔德龙政府几乎和当时哥斯达黎加主要的社会阶层打成一片，这无疑为其实行社会改革奠定了坚实的基础。其一,和共产主义政党人民先锋党建立了政治同盟;其二,和天主教会建立了密切的合作关系,从一开始就获得了教会的大力支持;其三,得到了国家问题研究中心为首的年轻知识分子拥护;其四,凭借诱人的政治承诺给城市工人阶级带来了新的希望;其五,新一轮农业用地开荒运动收服了无产阶级的人心。然而,一来国内保守派势力首当其冲,对改革表现出强烈不满,旧自由主义的支持者仍大有人在。其次,既得利益者(包括大庄园主和大企业主)对改革持谨慎态度。这一股阻碍哥斯达黎加社会改革的政治力量亦不可小觑，各方矛盾被进一步激化似乎只是时间问题，直到1948年哥斯达黎加内战爆发。

20世纪三四十年代,哥斯达黎加政府迅速采取措施应对经济危机和社会动荡，并努力保持政策的一贯性和协调性,却无力根除危机产生的深层次根源,忧患重重的第一共和国正在一步步走向灭亡。

第四节　1948 年内战和第二共和国建立（1948—1949）

20 世纪 40 年代被认为是哥斯达黎加在 20 世纪最重要的一个十年，在政治上结束了自由主义共和国，在社会上创造了发展“福利国家哥斯达黎加”的必要条件。因此，在这十年中发生的重大变革，毫无疑问，对 20 世纪后半期的哥斯达黎加产生了深刻的影响。

——曼努埃尔·卡尔德龙·埃尔南德斯

1948 年哥斯达黎加内战

1948 年是哥斯达黎加总统大选换届之年，在历史上被视作哥斯达黎加内战的导火索。1947 年 2 月，哥斯达黎加国内，总统选举的相关准备工作启动的同时，选战的硝烟也开始在哥斯达黎加社会的各个角落弥漫。随着终选投票时间的临近，选战暴力事件逐渐升级。1947 年 7 月 21 日至 8 月 3 日，从反对派的堡垒城市卡塔戈到政府掌权的首都圣何塞，从刚开始大街小巷的商店关门闭户，到后来哥斯达黎

加大学的青年学子积极参与，连媒体也被分裂成了政府派和反对派,为各自支持的阵营摇旗呐喊,各种公开报道的轰炸,让民众的热情没有一丝冷却反而持续高涨,一场轰轰烈烈的“怠工运动”毫不留情地揭开了哥斯达黎加社会的矛盾和裂痕。在“怠工运功”中,卡塔戈举行的反政府示威游行出现了流血事件，圣何塞哥斯达黎加大学师生卷入纷争造成了持续的社会混乱,哥斯达黎加著名的《民族报》曾经如实报道当时的惨况,“警察、支持反对派的青年、明目张胆的卡尔德龙派分子和乌拉特派分子互相拳打脚踢、棍棒相加、持枪对峙……突然间，警察开始使用催泪瓦斯驱散反对派分子,但并未起到太大作用,在某些人满为患的街道上,叛乱分子混在人群中,导致无辜民众受伤……”恼羞成怒的皮卡多政府先后逮捕了反对派领导人罗德里戈·费西尔和丹尼尔·奥杜韦尔等人,标志着哥斯达黎加总统大选的暴力冲突达到顶峰。

1948年哥斯达黎加总统大选的整个过程可谓跌宕起伏,最初仅仅是为了保障选举公平,矛盾的双方试图通过法律和制度寻求共识，最终却演变成了一场难以挽回的武装冲突。1948年上半年,在新总统正式宣誓就职前,特雷奥多·皮卡多在政府和反对派斗争的漩涡中继续艰难地执政。1948年2月8日,大选正式公布投票结果,民族联盟党总统候选人奥蒂略·乌拉特获得了55.3%的选票,民族共和党总统候选人拉斐尔·安赫尔·卡尔德龙·瓜迪亚则拿下了44.7%的支持率,按照计票结果乌拉特赢得了大选。但卡尔德龙阵营不承认败选,怀疑乌拉特一方在大选中作弊,并向全国选举委员会提请申诉。2月28日,由于选举委员会个别法官弃权,申诉便移交至哥斯达黎加最高立法机构进行裁决。3月1日,立法大会宣布当年2月投票产生的总统大选结果作废。在此期间,卡尔德龙派和乌拉特派之间的局势日趋紧张,双方走到了剑拔弩张的地步,一场大战似乎"一触即发"。3月1日当晚,皮卡多政府逮捕反对派主要领导人,国家联盟运动党领导人卡洛斯·路易斯·巴尔韦德不幸遇害。3月2日,反对派总统候选人乌拉特被捕。事已至此,卡尔德龙派和乌拉特派之间的矛盾上升至武装冲突的层面已然不可避免,即使圣何塞主教与外国使团出面调停也无济于事。

特奥多罗·皮卡多·米哈尔斯基

1900年,特奥多罗·皮卡多·米哈尔斯基出生在一个波兰裔知识分子移民家庭。青年时期的皮卡多先后学习过师范和法律专业,后在中学担任教职,直至出任阿拉胡埃拉研究所所长。在希门尼斯第三次执政期间

(1932—1936)，皮卡多官至经济发展部秘书和公共教育部部长。

1944年，皮卡多登上了总统的宝座。在执政期间，皮卡多政府延续了卡尔德龙主义路线，任内主要政绩包括设立选举法庭、颁布《财政法令》、创建国家地理研究所、哥斯达黎加成功加入了联合国等。

1948年，反对派奥蒂略·乌拉特在大选中获胜，但国家最高立法机构拒绝承认选举结果，代表卡尔德龙派掌权的皮卡多政府大肆迫害国内反对派。内战结束不久后，失去民心的皮卡多交出国家大权流亡尼加拉瓜，最终客死异乡。

实际上，菲格雷斯对发动武装政变蓄谋已久，表面上作为流亡政治家，活跃于国内的公众视野，暗地里作为地下革命家，静候时机密谋发动政变。1945年3月，菲格雷斯的中美洲盟友胡安·何塞·阿雷瓦洛就任危地马拉总统。1946年，菲格雷斯派曾经两度密谋杀害卡尔德龙·瓜迪亚。1947年12月，菲格雷斯及其中美洲盟友秘密签署《加勒比公约》，计划用武装斗争彻底推翻多米尼加、尼加拉瓜和哥斯达黎加的独裁统治。菲格雷斯中美洲盟友的实力不容小觑，在1948年哥斯达黎加内战的关键时刻，正是依靠危地马拉同盟军的支援一锤定音。

何塞·菲格雷斯·费雷尔

今天的哥斯达黎加人尊称何塞·菲格雷斯为“祖国之父”,他在20世纪40年代横空出世,一手缔造了第二共和国,在哥斯达黎加政坛三次执政活跃数十载。正是他主宰了1948年哥斯达黎加内战反对派的武装斗争。

1942年7月,菲格雷斯的政治首秀定格在一场拉丁美洲广播电台的反政府演讲,随后他被警察逮捕并驱逐出境,流亡的足迹从萨尔瓦多、危地马拉到墨西哥。1943年6月,何塞·菲格雷斯和阿尔韦托·马滕、弗朗西斯科·奥尔利奇一手成立了民主行动党。1944年2月,菲格雷斯派在总统大选中支持莱昂·科尔特斯。1945年3月,民主行动党与国家问题研究中心共同组建了哥斯达黎加民主社会党。

在1948年的哥斯达黎加内战中,菲格雷斯是一位典型的“主战派”。他认为,“唯有武装斗争夺取政权才是出路”,并与中美洲地区其他国家的武装组织长期保持密切的联系。

1948年3月12日,哥斯达黎加内战正式爆发。菲格雷

斯领导的反政府军队从南部的咖啡园大本营一路北上,长驱直入占领了圣何塞东南部山地,拿下首都机场,借此打通了哥斯达黎加与危地马拉之间的物资补给线,便于菲格雷斯的盟友从中美洲及加勒比地区源源不断地运输兵力和武器。与反对派的充分准备相比,政府军可谓相形见绌,在人员和装备上已经先输一招。3月12日,政府军反攻失败。3月21日至23日,政府军派出一支由香蕉种植园工人组成的非正规军,试图从海上偷袭机场同样失败。4月11日,反对派占领利蒙港。4月12日,反对派拿下卡塔戈。随着哥斯达黎加内战愈演愈烈,人民先锋党领导的政府军却节节败退,尽管已经做好了保卫首都圣何塞的准备,皮卡多总统最终决定与反对派展开谈判。4月15日晚,菲格雷斯、努涅斯神父和人民先锋党领导人曼努埃尔·莫拉、卡洛斯·路易斯·弗里亚斯在奥乔莫戈举行了历史性会面。4月19日,政府军和反对派双方在墨西哥大使馆正式签订协议,即《奥乔莫戈协定》。此时,觊觎哥斯达黎加的境外势力蠢蠢欲动:一方面,尼加拉瓜独裁统治者索摩查·加西亚派遣武装分子相继占领了边境的拉·克鲁斯、洛斯·奇莱斯、比利亚·克萨达等地;另一方面,一支美国军队在卡纳尔地区集结待命。至此,菲格雷斯领导的武装斗争取得了阶段性胜利,与皮卡多政府签订《奥乔莫戈协定》,不仅结束了哥斯达黎加内战,同时避免了潜在的外国侵略威胁。

《奥乔莫戈协定》签订后，皮卡多宣布结束自己的总统任期，桑托斯·莱昂·埃雷拉就任哥斯达黎加临时总统。4月20日，在内战中失利的卡尔德龙、皮卡多和人民先锋党领导人莫拉开始了流亡生涯。4月24日，菲格雷斯攻占圣何塞。4月28日，菲格雷斯带领军队在首都圣何塞举行了“胜利大游行”，真正的战事到此为止。5月1日，乌拉特与菲格雷斯签订了协议，确立了内战后哥斯达黎加的政治行动路线图。5月8日，遵照宪法的规定，前总统皮卡多任期正式结束，临时总统埃雷拉把权力移交给了菲格雷斯领导的革命军委员会政府。按照乌拉特和菲格雷斯达成的协议，菲格雷斯领导的革命军委员会(以下简称“军委会”)在无议会状态下执政18个月。1948年12月，举行全国制宪大会选举。军委会政府执政结束后(即1949年11月)，乌拉特总统上台执政4年。至此，1948年哥斯达黎加内战正式宣告结束，这场战争前后打了一个多月，主要战场集中在圣何塞和卡塔戈两地，军队伤亡人数在两千人左右，原本是卡尔德龙派和乌拉特派鹬蚌相争，共产主义政党人民先锋党夹在两者中间左右为难，最终反而被蓄谋已久的菲格雷斯渔翁得利成为内战的大赢家，下一阶段该轮到菲格雷斯派登上历史舞台建立“第二共和国”了。

哥斯达黎加第二共和国创立委员会(1948—1949)

1948年4月,哥斯达黎加内战宣告结束。在第二共和国正式成立前,哥斯达黎加进入到一个政权过渡阶段,菲格雷斯领导的革命军委员会摇身一变成为了第二共和国创立委员会(以下简称“创委会”),在政治、经济、社会、军事、法律等方面着手进行正式建国前的各项准备。为了让哥斯达黎加尽快重回正轨,在短短一个月多的时间里,创委会迅速完成了组阁,包括主席何塞·菲格雷斯、副主席兼内政部部长堂费尔南多·巴尔韦德·维加、外交部部长本哈明·奥迪奥和劳动部长本哈明·努涅斯·巴尔加斯等12名内阁成员。

在政治层面上,对执政的创委会政府来说,当务之急是确立国家的最高权力机关,确保立法、司法和行政权力都尽可能掌握在菲格雷斯派手中。1948年9月3日,创委会公布了一揽子建国方案,包括举行全国制宪大会议员选举,起草一部新的《政治宪法》,提名最高法院大法官,批准乌拉特担任下届总统等。然而,在刚刚成立的最高选举法院的监督下,此次选举顺利照章进行,结果却完全出乎意料。在45个议席中,菲格雷斯领导的社会民主党仅仅收获了3个席位,奥蒂略·乌拉特领导的民族联盟党成为了议会多数党。由此看来,菲格雷斯即便手握军权,是内战的胜利者,却未必能够尽得人心。实际上,由于自己抢班夺权不在美国政府计划之内,为了尽快获得美国的信任和支持,菲格雷斯一上台便撕毁了《奥乔莫戈协定》,立即采取极端措施镇压左翼政党。此外乌拉特派的大胜还多亏了其他在野党的“礼让”,包括主要领导人被流放而主动放弃大选的民族共和党, 以及甚至未能取得合法参选资格的人民先锋党等。

在经济层面上,1948 年 6 月 19 日,执掌政权的菲格雷斯颁布了一系列影响深远的经济措施, 试图通过国家工业化和开发国内资源进一步恢复国民经济的活力。首先,创委会一上台便把国内的私人银行收归国有, 意味着创委会政府能够有效地管理哥斯达黎加的国民储蓄, 一来直接引导国民储蓄的投资方向, 二来向企业和个人提供政府优惠贷款。同时,征收 10%的资本税作为国家财政的应急保障,帮助国家尽快重建经济, 但此举无疑动了国内大资产阶级的“奶酪”,直接导致了菲格雷斯在议会选举中大败。

其次,创委会大刀阔斧地启动国家机构改革,在经济领域重点发力, 一批新建或改制的国家机构如雨后春笋般涌现,主要目的在于加强对国家关键经济部门的控制,通过宏观调控把握国家经济发展的大方向。此外,促进农业发展、

鼓励工业生产、吸引外国资本、保护中小生产者等一系列措施相继出台。哥斯达黎加政府长期对占据国民经济核心地位的咖啡行业实施强大的干预政策。1933年,咖啡保护研究院成立;1948年,机构更名为咖啡办公室。今天的哥斯达黎加咖啡办公室是一个独立的非政府公共机构。这是一个负责统筹管理涉及哥斯达黎加咖啡产业链所有人员和事务的半自治机构,包括生产者、出口商、消费者以及咖啡的国家统一定价等。咖啡办公室主要的工作目标包括以下几点:执行和完善与咖啡行业相关的法律法规;促进咖啡行业相关从业者之间平等的关系,协调行业与国内其他公共机构和社会组织的关系;促进咖啡在经济、社会和文化等领域的发展;促进咖啡行业在国内外的可持续发展等。另一个半自治机构——国家生产委员会,既要负责主要谷物的国家统一定价,还要直接参与具体的销售环节。比如,在国内生产过剩的情况下,购买剩余产品;在国内生产短缺的情况下,进口短缺产品;在满足国内消费需求的情况下,出口剩余产品;提供技术支持,分配优质种子,促进农业生产等。20世纪40年代,考虑到哥斯达黎加内战对食品供应产生的影响,生产委员会的成立正是政府基于上述背景决定采取必要的预防措施。1933年,政府宣布成立国家粮食委员会,在某种程度上可以被视为生产委员会的前身,哥斯达黎加国家银行曾经成立的农业生产经济发展部门同样有异曲同工之处。1948 年,政府颁布法令成立国家信贷和生产委员会,负责协调银行系统和工农业生产的关系,促进国家经济的发展。1948 年,曼努埃尔·登戈·奥夫雷贡带领一批电力工程师向国家银行董事会提交了一份关于哥斯达黎加国家电气化总体规划的重要文件。1949 年 4 月 8 日,哥斯达黎加国家电力公司正式宣告成立。根据哥斯达黎加人民的社会和经济发展的实际需求,新成立的国家电力公司负责引导国家电气化发展的大方向,提供充足廉价的能源,促进国家经济的发展。但是,创委会实施的国家宏观调控引起诸多非议,国内保守势力认为其具有"苏联化"倾向。

再次,为了早日实现国家经济现代化的目标,政府需要不断加大财政支持的力度,创委会制定了长短期与国内外相结合的战略思想。从短期来看,国家财政应急保障储备超过 5 万哥斯达黎加科朗;下一步创委会计划扩大所得税征收范围,确定新的关税税率。从长期来看,制定新的引进外资战略迫在眉睫,直到 20 世纪 50 年代,政府逐步明确具体的方针政策:一是与联合果品公司重新进行谈判,向全球其他香蕉公司开放哥斯达黎加市场;二是与国际金融机构谈判,申请基础设施建设贷款;三是鼓励外国资本对哥斯达黎加投资,尤其是在工业领域进一步加大对外开放的力度。

在社会层面上,执政的菲格雷斯政府,在战场上呼风唤雨,在政坛却树敌太多,与哥斯达黎加主教一度关系紧张。1949年1月16日,即全国制宪大会正式成立的前一天,创委会委员和制宪大会议员一同出席哥斯达黎加主教萨纳夫里亚在教堂举行的活动,期间副主教伊达尔戈对创委会进行了严厉的批评,呼吁教众反对国内的政治迫害。政府要求立即制裁副主教。萨纳夫里亚主教对此有意袒护,甚至给出创委会前往梵蒂冈提请罗马教廷介入的建议。直到1949年底乌拉特上上后,菲格雷斯派和主教之间的关系才得以缓和。菲格雷斯领导的创委会手段十分强硬,明目张胆地对哥斯达黎加国内的反对派采取政治高压政策。1948年4月,即《奥乔莫戈协定》签署后,皮卡多政府的全体高官被流放。菲格雷斯领导的国民革命军进入首都圣何塞,立即宣布解散政府正规军。创委会撤换了立法、司法和行政机关一切没有取得信任的公职人员,对莫须有的“卡尔德龙主义者”(即旧政权的拥护者)进行政治迫害。1948年5月至6月,创委会成立诚信法庭和快速审判法庭,专门负责审判和裁决政府官员的流放和撤职。诚信法庭负责审查1940年至1948年期间公职人员及其家属的财产来源,处理各类案件209起;快速审判法庭负责惩治同一时期危害政府的违法犯罪行为,下达397份判决书。掌权的创委会大肆铲除异己、迫害政敌,不断打压在野党和工会组织,高压的政治大环境甚至破坏了整个工会运动。众所周知,哥斯达黎加共产党领导人长期遭受菲格雷斯派的政治迫害。曼努埃尔·莫拉被流放,几乎所有领导人均在国家监狱服刑。经确认,在当时3000名共产党党员人中,大约三分之一曾入狱或流放。卡尔德龙派给出了7000名难民和3000名政治犯的数据。此外,工会组织被创委会视作共产主义的坚强阵地,同样遭到严厉打击,许多工会就此销声匿迹,工人的基本权益无法保障。雇主可以随意解雇具有“卡尔德龙主义”和“共产主义”倾向的工人,却无须为此承担任何责任。1949年6月,哥斯达黎加工人联合会被政府解散。

在军事层面上,菲格雷斯能够取得内战的胜利在很大程度上要归功于加勒比军团提供的援助。1947年12月,加勒比军团秘密签署《加勒比公约》,主要目的在于对中美洲和加勒比地区所有的独裁者进行武装斗争,尤其是特鲁希略和索摩查。然而,正当驻扎在哥斯达黎加的加勒比军团进行下一阶段的作战准备之际,周边的国际局势却开始向不利的方向发展,加勒比军团入侵尼加拉瓜的计划被迫拉长战线。卡尔德龙派试图颠覆新生的第二共和国创委会政权。1948年12月,在索摩查的支持下,叛军试图从尼加拉瓜武装入侵哥斯达黎加北部边境。哥斯达黎加创委会政府援引

1947年签署的“美洲国家间互助条约”,立即向刚刚成立的美洲国家组织寻求外交援助。随后,菲格雷斯政府的外交斡旋初见成效,卡尔德龙派入侵者无功而返。1949年2月,为了兑现向美洲国家组织许下的和平承诺,卡尔德龙派叛军被菲格雷斯“请离”哥斯达黎加境内。与此同时,加勒比军团携带菲格雷斯归还的大量武器返回危地马拉。至此,加勒比军团的行动中心从哥斯达黎加转移至危地马拉。1949年6月,加勒比军团再次试图推翻特鲁希略却以彻底失败而告终。1949年2月21日,哥斯达黎加与尼加拉瓜签署友好条约,标志着加勒比军团的政治生命到此为止。

一波未平一波又起,1949年4月2日,哥斯达黎加发生“卡多纳政变”。创委会公共安全部部长埃德加·卡多纳·奎罗斯率部发起武装叛乱,公开向菲格雷斯政府叫板,久经沙场的菲格雷斯依靠身边的退伍军人在短短几个小时内成功平定了叛乱。实际上,叛乱者代表了乌拉特派的极保守阵营,提出了一系列谈判条件,包括取消资本税和银行国有化,创委会政府主力干将本哈明·努涅斯等人辞职。然而,叛军既没有获得人民的支持,也未能说服乌拉特立即走马上任。叛乱被镇压后不久,创委会宣布彻底废除军队,建立国民警卫队,履行维护国家安全和警察职能。

1948 年军队解散令的由来

1823 年至 1870 年期间，哥斯达黎加发生了几次政治冲突，最后均通过武装斗争的方式解决。但是，当时政府组织的武装力量在冲突结束后立即解散。直至 19 世纪末，哥斯达黎加军队的人数从 1874 年的 1.5 万人增至 1900 年的 5 万人，在哥斯达黎加的主要城市均有军队驻扎。

1871 年，托马斯·瓜迪亚政府颁布了《哥斯达黎加军事法》，1886 年至 1900 年期间，哥斯达黎加陆续出台了一系列军事法律法规。

1884 年至 1914 年期间，哥斯达黎加政府增加了国防预算，用于开展军事训练和扩大军队规模。从 1921 年开始，政府增加了教育和医疗卫生支出，开始削减国防预算，警察部队借机获得了更多的资源。

1946 年至 1948 年间，哥斯达黎加军队的武装力量持续被削弱，政府划拨的国防预算十分有限，软件和硬件都跟不上，武器装备和人力资源匮乏，军队俨然成了一件摆设。

1948 年 3 月至 4 月，哥斯达黎加内战爆发，获胜的何塞·菲格雷斯掌握了国家军政大权。1948 年 10 月 11

日,何塞·菲格雷斯政府颁布第749号法令下令废除军队。1949年10月31日,依据《1949年宪法》第178号法令第12条规定,哥斯达黎加废除军队并建立维护公共秩序的国民警卫队,这意味着废除军队取得了宪法地位。12月1日,何塞·菲格雷斯·费雷尔摧毁了贝拉维斯塔军营象征军队的炮楼,立即把军营的钥匙转交给了当时成立不久的哥斯达黎加大学,今天的国立博物馆正是建在当时军营的旧址之上。自此,哥斯达黎加军队解散令永久生效被公诸于世。

1986年12月24日,根据政府第17357号行政令,每年的12月1日被哥斯达黎加确定为“军队废除日”。

2018年12月1日,卡洛斯·阿尔瓦拉多总统宣布了一系列法令纪念“军队废除日”:官方发布了由卡洛斯·古斯曼·贝穆德斯创作的《军队废除之歌》;全国所有教育机构强制性庆祝这一重大历史事件;为了纪念“军队废除日”建立公共机构和教育中心,举行旨在促进和平、自由、民主、无暴力、对话和保护人权的纪念活动等。

在法律层面上,为了巩固新生的政权,创委会颁布了一系列法律措施,包括中止《1871年宪法》、更换最高法院全体成员、重组司法机构等。在第一共和国确立的司法体系基础上，第二共和国并非否定推翻而是调整修改。为了维护专制政权，创委会专门颁布了一条新的法令。1948 年 7 月 17 日，新颁布的法令禁止人民先锋党以及其他任何政党“因其纲领、行动方式、联系或背景，反对哥斯达黎加共和国实行民主代议制度，或颠覆国家主权的企图”，自颁布之日起具有宪法性质，其后仅在 1975 年作了部分修改。岂料，创委会的如意算盘没能真正打响。1949 年 4 月 8 日，全国制宪大会拒绝通过创委会提出的新宪法草案，改用 1871 年的宪法作为新宪法的讨论基础，1949 年新宪法草案试图从制度上理顺政府和经济之间的新关系；限制私人财产规模；保障工人的社会福利；推动中小企业的发展。制宪大会拒绝采纳创委会草案，皆因其具有明显的国有化倾向，不符合大多数哥斯达黎加人民的利益。

实际上，《1949 年宪法》是在《1871 年宪法》的基础上做出适当修改，新宪法并未僭越真正的自由主义思想，而是在旧宪法的基础上书写改革的画卷。1949 年 11 月，乌拉特总统上台，新宪法的面貌方才始现。1952 年，菲格雷斯当选宪法总统重掌大权，新宪法才真正落地生根。较之《1871 年宪法》，《1949 年宪法》的修改和调整涉及以下诸多方面：加强个人与社会的权利保障；加强教育和文化；扩大妇女的公民

权利;取消义务投票制;规定议员连续任职不得超过两届,试图打破朋党利益勾结。宪法保留了传统的三权分立制度,同时设立分权机构和监管机构。值得一提的是,既有拥有独立行政权的自治机构,也有最高选举法庭和共和国审计总署等监管机构。举个例子,负责监管整个公共部门预算、收入和支出工作的审计总署直属立法大会。在《1949年宪法》中,最大的亮点在于强化了公民的民事权利,一是体现在选举权的丰富和细化,最高选举法庭的绝对独立为完善选举制度提供了合理的法律框架;二是通过宪法确认永久废除军队,以此保障民权的领导地位;三是对行政权力产生了重大影响,主要体现在以下两个方面,一是政府丧失了某些传统的权力,二是政府的权力和影响范围通过自治机构被扩大。20世纪50年代末,政府重新大权在握,控制了大多数自治机构,改革后的公务员系统焕然一新,公共部门不再是执政党的“一家天下”,公务员系统的专职公务员和政府任命的官员共同构成了哥斯达黎加的国家官僚体系。

1949年10月,创委会召开立法议会议员选举,力求立法议会议员和乌拉特的总统任期保持一致。立法议会的选举结果和制宪大会非常相似:民族联盟党再次取得重大胜利。显然,创委会依然未能俘获民心。1949年11月7日,《新宪法》正式颁布,翌日,乌拉特就任总统。从1948年3月内战爆发，到1949年11月乌拉特上任，哥斯达黎加历史上的一场巨变就此落下帷幕。

20世纪上半叶哥斯达黎加的主要政党

在哥斯达黎加的政党史上，专制主义和个人主义的色彩显得尤为突出。

1948年内战是一个显而易见的分水岭，考虑到内战对《1949年宪法》和废除军队产生的重大影响。

从某个有限的视角出发，1948年以前，哥斯达黎加具有鲜明意识形态的政党如下：

天主教联盟党：

创立于1889年，获得了天主教教会的支持（哥斯达黎加主教奥古斯托·泰尔担任领袖以及梵蒂冈教廷的支持）；

改革党：

创立于1924年，创始人是曾担任过天主教传教士的豪尔赫·博略·希门内斯（1882—1955），获得了手工业者和工人的支持。

共产党：

创立于1931年，创始人是曼努埃尔·莫拉·巴尔韦德（1909—1994），获得了鞋匠、手工业者和工人的支持。

民主行动党:

创立于1943年,创始人是阿尔韦托·马滕·查瓦利亚(1909—2009),获得了部分中产阶级的支持,反对拉斐尔·安赫尔·卡尔德龙·瓜迪亚(1900—1970)政府。

民主社会党:

创立于1945年,由民主行动党和国家问题研究中心共同创建。

小结

"继承国民解放军的光荣传统,备受尊敬的哥斯达黎加常备军被废除,军营的钥匙将在今天转交给学校,改建成一座文化中心。哥斯达黎加第二共和国创立委员会正式宣布解散哥斯达黎加国民军。此外,出于国家安全的考虑,有必要维持一支强大的警察部队。"

——何塞·菲格雷斯·费雷尔

1848年8月31日,在议会和政府的支持下,哥斯达黎加共和国第一任总统何塞·玛丽亚·卡斯特罗·马德里斯正式宣誓就职,意味着与新的国体相适应的政体亦应运而生。1948年5月8日,按照哥斯达黎加宪法规定,前总统皮卡多任期正式结束，临时总统埃雷拉把权力转交给菲格雷斯领导的革命军政府。19世纪五六十年代，咖啡种植园大家族掌握了哥斯达黎加的政治经济命脉，国家政权笼罩在寡头政治的乌云之下。19世纪七八十年代，自由主义军政府把持哥斯达黎加政坛。19世纪末，新的文官政府上台逐渐找回了主动权。20世纪初至20世纪30年代，“奥林波一代”主宰了哥斯达黎加的政治生活。在第一共和国时期，哥斯达黎加政治发展进程较为缓慢，尽管军事政变和独裁政权时有出现，在政治舞台上依然是文人政府长期占据主导地位。百年间哥斯达黎加的政权主要掌握在政治精英阶层手上，通常是大企业家或大庄园主，他们中许多成员之间存在姻亲关系，更有甚者出现政治世家一说，加上议员可以无限期连任，有利于寡头政治或专制独裁的形成，却不利于其他社会阶层参与政治。与此同时，外国资本悄无声息地占据了哥斯达黎加国民经济的主导地位，通过咖啡贸易、香蕉贸易和铁路建设，在公共投资、私人投资者与出口商人之间建立了错综复杂的三角关系，促进了哥斯达黎加现代货币、银行和金融体系的发展，政府不遗余力地推动基础设施建设，通过财政预算和发行债券提供项目建设的财政保障。18世纪末至19世纪初，哥斯达黎加的主要经济作物是烟草。19世纪30年代，咖啡取代烟草成为哥斯达黎加主要的经济作

物,哥斯达黎加具有得天独厚的咖啡种植条件,包括土壤、气候和降雨量等,咖啡产业迅速崛起成为国家的经济支柱。19世纪后半期到20世纪前半期,哥斯达黎加的进出口结构不平衡。一是国内市场消费力有限,二是缺乏国内贸易保护制度,尽管城市手工业和服务业发展迅速,却无力与国外的廉价商品竞争,哥斯达黎加人宁愿出口咖啡和香蕉,直接进口工业制成品。依靠国内经济作物出口带来的收益,哥斯达黎加从国外进口货物,既间接受益于工业革命,又直接受制于国际贸易市场。19世纪中期,与英国建立了密切的经贸关系;20世纪初至20世纪40年代,与德国进行繁荣的咖啡贸易;进入20世纪,哥斯达黎加与美国的经贸往来日益频繁,与英德两国渐行渐远,美国成为哥斯达黎加最大的贸易伙伴。第二次世界大战即将结束之际,哥斯达黎加的咖啡出口市场从欧洲转移至美国。

1848年至1948年期间,得益于咖啡和香蕉贸易的繁荣,哥斯达黎加在中美洲国家一枝独秀,取得了令人瞩目的发展成果。在独立时期之初,贫穷落后、与世隔绝的哥斯达黎加给人留下的印象:基础设施落后、贸易往来不足、货币流通缺失;到了第一共和国时期,哥斯达黎加给出了一张亮眼的发展成绩单。19世纪至20世纪前半期,哥斯达黎加的人口长期保持稳定增长态势,历史上偶有死亡率激增导致人口下降的情况（比如,1856年发生的霍乱）。数据显示，1800年（即19世纪初），哥斯达黎加人口数量仅有5万；1900年（即20世纪初），哥斯达黎加人口数量大约有28万;1950年（即20世纪中期），哥斯达黎加人口接近100万。19世纪末,哥斯达黎加的公共卫生条件明显改善,流行性疾病和传染病得到有效控制,人口死亡率持续下降,人口预期寿命从1920年的35岁提高至1950年的57岁。在教育方面,哥斯达黎加国内文盲率大幅下降。1910年,哥斯达黎加国内10岁以上人口的文盲率达到55%;1950年,仅为21%。在第一共和国时期,历届政府在卫生和教育领域的财政支出远超国防和公共安全领域。1930年,哥斯达黎加国民人均教育支出达到6.9美元,人均卫生支出为10.8美元，人均国防和安全支出仅为3.9美元;1940年,三项数据分别是7.1美元、14.6美元和3.6美元。此外,农业用地扩张和新的人口聚集地涌现构成了19世纪哥斯达黎加社会的主要特征之一。18世纪初,来自卡塔戈的梅斯蒂索农民向哥斯达黎加中央山谷地区西部迁移,人口涌入埃雷迪亚、圣何塞和阿拉胡埃拉等地;19世纪初，人口继续向阿拉胡埃拉西部扩张,阿特纳斯、圣拉蒙、帕尔马雷斯、纳努霍、格雷西亚等成为新的人口中心;19世纪末，人口聚居地从中央山谷地区延伸至北部、西北部瓜纳卡斯特和东部大西洋沿岸

地区;20世纪30年代,拓荒农民的足迹遍及哥斯达黎加南部及太平洋沿岸地区。

在第一共和国时期,得益于出口导向型经济的发展,对国际贸易市场的积极顺应,哥斯达黎加分享了工业文明带来的红利。但是,国内出现经济商品化的趋势导致生活成本增加,对国际贸易市场的波动十分敏感,对进口的依赖程度与日俱增,加之第三世界国家普遍存在的社会财富分配不平衡问题,政府大力发展科教文卫事业主要是为了实现社会财富再分配和社会阶层的流动。西班牙学者布里格诺里在《哥斯达黎加现代简史》一书中,精准地剖析了第一共和国时期彰显时代特色的哥斯达黎加主要社会阶层:咖啡种植园园主、农村中产阶级、城市工人和香蕉产业工人。处于上等阶层的咖啡种植园园主是最具有典型时代特征的一个社会阶层。在政治上,咖啡种植园园主偶尔干预政治,大多数时候倾向于置身事外。在经济上,咖啡种植园园主向咖啡种植工人提供物质条件,亲手掌控国家的咖啡出口贸易。在社会上,咖啡园主与外国移民家庭联姻,借机在欧洲建立重要的贸易关系,在一定程度上塑造了哥斯达黎加的思想面貌。位于中间阶层的新兴的农村中产阶级成为了一股不可忽视的社会力量。在他们中间,有咖啡生产的一线主力——哥斯达黎加中小生产者,正是他们贡献了全国三分之二的咖啡生产量；有按日计算的种植园临时工，他们重视教育，为子女提供向上层社会流动的橄榄枝；有咖啡种植园的管家和工头，不少人的亲属在公共部门和军队供职。共同的利益诉求把该阶层的各色人等捆绑在一起，农村中产阶级要求政府修建道路、桥梁和学校，逐渐学会如何向政府施压。20世纪二三十年代，农村中产阶层希望提高咖啡价格从中获益，开始组织农村合作社，支持部分社会改革方案。城市工人阶级处于哥斯达黎加社会阶层金字塔的底层（实际境况略优于香蕉产业工人），尽管在经济活跃人口中所占比重不高，却在主要城市的社会生活中扮演了重要角色。在他们中间，有人在建筑行业打零工；有人忙于农作物收割；有人在鞋厂、家具厂、印刷厂等城市工厂从事手工业。19世纪末，城市工人阶级陆续建立了工会组织，开始参与政治活动争取更好的工作条件和薪资待遇。1920年，由圣何塞的木工和家具厂工人发起的大罢工，几乎在一夜之间获得了首都泥瓦匠、印刷工和铁路工人的一致响应，成为哥斯达黎加20世纪前半期最重要的社会运动。20世纪二三十年代爆发的数次抗议运动，究其原因在于城市发展推动住房需求增加，房屋租金上涨成为新的冲突根源。在香蕉贸易的鼎盛时期，东部加勒比海岸孕育了一个新的社会阶层——从事香蕉种植、铁路运输作业和码头装卸货物的工人，该社会阶层

的构成鱼龙混杂,来自牙买加的黑人占大多数,还有出身中央山谷地区和尼加拉瓜的移民工人。这些外来务工人员的工作条件和生活方式恰好促进了哥斯达黎加劳工斗争和工会运动的迅速发展，著名的1934年利蒙香蕉园工人大罢工,正是他们为了阶级利益积极抗争的最佳例证。

从1848年至1948年的百年间，哥斯达黎加从第一共和国到第二共和国,经历了一个世纪的沧桑巨变,哥斯达黎加在世界民族之林占有了一席之地,共同的生活、梦想和历史造就了哥斯达黎加清晰的国家身份。19世纪末,哥斯达黎加形成了独特的民族文化，当中既有对圣母马利亚的宗教崇拜，也有对1856年里瓦斯战役民族英雄胡安·圣马利亚的崇高敬仰，还有对孕育咖啡和香蕉丰收土地的无限热爱。进入20世纪,在学校世俗教育的推动下,哥斯达黎加人民的民主价值观持续提升，人民大众的政治参与度不断提高，一个可以媲美欧洲瑞士的福利国家正在向哥斯达黎加人民招手。

第五章

哥斯达黎加

20世纪50年代到21世纪

（1950—2018）

第一节 跨越式发展时期(1950—1970)

乌拉特政府执政(1949—1953)

整体而言,1949 年 11 月上台的乌拉特政府执政风格趋于保守和传统,政府继续沿用创委会的基本方针,致力于1949 年新宪法框架下的制度改革,先后颁布了《市政自治法》《公务员法》和《共和国审计法》等法律法规。实施制度变革的既定目标,一方面,在于最大限度地约束行政权力;另一方面,促进公共管理的专业化,幻想把哥斯达黎加的官僚机构打造成一台高效运转的机器。在循规蹈矩的乌拉特执政期间,菲格雷斯领导的民族解放党正式成立了,这是改变哥斯达黎加第二共和国政治格局的重大事件。同一时间,赋闲在家的菲格雷斯开始积极投身民主事业四处奔走, 并于1950 年 5 月代表哥斯达黎加出席了古巴哈瓦那会议,借此机会发表演说抨击独裁统治,寄望美国改变其拉美政策。菲格雷斯认为,美国应该担负起领导民主斗争的责任,大力推动拉美国家的发展。会后菲格雷斯的国际形象得到了显著的提升,从此成为西半球“激进民主主义者”的重要代表。

哥斯达黎加民族解放党

如今人们谈论哥斯达黎加民族解放党的历史，等同于追溯过去20世纪30年代至今哥斯达黎加政治和制度发展的足迹，民族解放党人通常将其划分为两个历史阶段：第一个阶段是1937年至1978年，由“1948年一代”执掌政权，强调国家干预，重视社会福利；第二个阶段是1982年至今，从传统的发展主义模式向务实的现实主义模式转型。

1937年，哥斯达黎加法学院的一群青年学子成立了法律专业学生协会。1939年，在法律专业学生协会的努力下，代表哥斯达黎加高校学子发声的大学生委员会宣告成立。1940年，大学生委员会已经拥有了丰富的政治斗争经验，为建立影响范围扩大至全国的社会组织做好了准备。

1940年，在罗伯特·布雷内斯·梅森的指导下，加上大学委员会的支持，国家问题研究中心应运而生，研究中心的影响范围迅速从首都圈扩大到了全国其他省份。1943年，卡尔德龙派和共产党在政治主张上达成一致，1944年爆出的选举丑闻让研究中心的知识分子和青年学子对卡尔德龙派大感失望。1945年，国家问

题研究中心和民主党合并诞生了民主社会党。

1948年,哥斯达黎加内战爆发,获胜的民族解放军领袖何塞·菲格雷斯夺取了政权,民主社会党的骨干分子不再对卡尔德龙主义和共产主义抱有幻想,选择与菲格雷斯领导的民主行动党牵手。1951年10月12日,民族解放党在圣拉蒙省拉巴斯正式宣告成立,这是民主行动党和民主社会党携手合作的重大成果。从此,民族解放党成为了哥斯达黎加第二共和国历史上最重要的政党之一,从20世纪下半叶开始多次成为哥斯达黎加的执政党。

民族解放党的诞生离不开何塞·菲格雷斯·费雷尔、罗德里格·法西奥、卡洛斯·蒙赫·阿尔法罗、本杰明·努涅斯、艾萨克·菲利普·阿索费法和欧亨尼奥·罗德里格斯·贝加等人做出的重要贡献。

民族解放党的指导思想是从20世纪40年代国家问题研究中心建立的基本思想发展而来的,民族解放党在其根本宗旨中指出,为了全体哥斯达黎加人民的利益考虑,有必要获得经济和社会民主。在意识形态上,民族解放党坚持反共产主义和反军国主义。在经济上,民族解放党主张实行混合经济,既要为私营企业的发展提供保障,中央也要向自治机构下放权力,还要让政府参与经济发展。在社会上,民族解放党重视人民的健康、住房、教育和社会福利。

乌拉特甫一上任,率先落实了创委会心心念念的银行国有化措施。1950年,政府颁布《中央银行组织法》和《国家银行体系法》确保银行国有化的法律保障。一方面,保留了中央银行制定货币和信贷政策的主要职责;另一方面,四大国有银行(国家银行、盎格鲁—哥斯达黎加银行、卡塔戈农业信贷银行和哥斯达黎加银行)负责居民储蓄存款业务,向生产者、商人和消费者提供信贷服务。20世纪50年代初,哥斯达黎加迎来了一段经济繁荣的时期。第二次世界大战结束后,咖啡价格持续上涨,香蕉产业开始复苏。在经济领域,执政的乌拉特政府一方面努力弥补公共支出赤字,偿还了大部分债务(包括内债和外债);另一方面,在上任18个月的时间内严格控制货币兑换率,阻止哥斯达黎加科朗对美元的贬值。18个月后,政府取消货币兑换手续费,颁布新的关税政策,此时科朗币值趋于稳定,哥斯达黎加的国际收支和贸易平衡均展现出良好的势头。此外,在乌拉特政府规划的国家基础设施建设蓝图中,不仅计划修建若干条新公路和一座新的国际机场,还打算充分利用哥斯达黎加电力公司加速推动国家电气化发展进程。

菲格雷斯第二次执政(1953—1957)

纵观20世纪50年代初的哥斯达黎加政坛，各个政党似乎难以摆脱自身定位不明确和党内领袖个人主义盛行带来的限制。国家共和党严重依赖卡尔德龙，然而，流亡国外的卡尔德龙尚不具备直接参选的条件。国家联盟党依然唯乌拉特马首是瞻，作风保守的乌拉特却选择保持中立。最终，反对菲格雷斯和民族解放党的政党组成了反对派联盟，推选费尔南多·卡斯特罗·塞万提斯作为总统候选人。这是一位明显带有旧共和国遗风的大咖啡庄园主。与此同时，基于对当时选情的准确判断——哥斯达黎加仍然是一个农业国和妇女第一次拥有了投票权，何塞·菲格雷斯·费雷尔成功地塑造了一个充满魅力又年富力强的政治领袖形象，他既是“农民知识分子”也是“庄园主哲学家”，在竞选活动中迅速俘获了全国上下农民和妇女的心。1953年7月26日，哥斯达黎加举行总统大选和立法大会换届选举，菲格雷斯及其领导的民族解放党双双大获全胜。1953年11月8日，菲格雷斯正式就任哥斯达黎加总统。

20世纪50年代初的哥斯达黎加，国内经济发展前景良好，国际市场咖啡价格猛涨，上一任总统乌拉特在公共财政和基础设施建设领域做好了铺垫工作。可以说，落实创委会制定的国家现代化建设和改革大计的条件已经基本具备，哥斯达黎加经济社会实现跨越式发展指日可待。1944年至1952年期间，香蕉年出口量从350万猛增至1800万；1940年至1956年期间，咖啡出口价格从每一百磅9美元暴涨至68美元。从20世纪50年代起，菲格雷斯及其领导的民族解放党一直坚持通过深化经济改革巩固政治民主并获得了显著的效果。但是，哥斯达黎加于1955年遭遇了自然灾害的威胁，几次大洪灾对国内经济造成了重大打击。

首先，菲格雷斯政府大刀阔斧地推动机构改革，建立了一批重要的国家自治机构，其目的在于引导私营企业参与初期盈利相对较少、但有利于国家发展的经济活动，国有银行扮演了维护国家经济安全的支柱角色，提供大量优惠贷款保障自治机构的正常运行。1954年，国家住宅与城市化研究院成立，其主要职责范围包括城市规划、建设监管和房屋仲裁等，提出了改善群众住房的一揽子计划，涉及若干种购房特惠贷款。实际上，哥斯达黎加的建筑业一直掌握在私营企业手上，国家住宅与城市化委员会仅仅在企业和用户之间充当一个调节器的作用。1955年，哥斯达黎加旅游研究院成立。1956年，国家生产委员会和哥斯达黎加太平洋铁路公司均转变为国家自治机构，其中，国家生产委员会负责向国内市场供应价格低廉的食品，通过进口弥补国内供

应不足,有效调节供求关系,保障国家粮食安全。菲格雷斯政府对哥斯达黎加电力公司提出了大规模扩建的计划,1958年建成的拉加里塔水电站标志着哥斯达黎加的电气化时代即将来临。此外,政府提出了成立烟草防控委员会和国家渔业计划委员会等计划。

其次,在菲格雷斯第二次执政期间,政府坚持优先发展经济的指导方针,大力提高哥斯达黎加的生产力,最终达到社会再分配的目的。一方面通过提高人民收入水平等直接分配方式,另一方面在教育、卫生、社保、住房等方面下功夫,同时实行"加薪刺激消费和投资"的政策。与哥斯达黎加出口繁荣休戚相关的香蕉产业出现复苏的迹象,政府与两大果品公司的博弈中取得了巧妙的平衡。一方面,与联合果品公司建立了新型合作关系,不仅重新展开了关税谈判,还拿回了香蕉种植园地区的重要控制权,另一方面,1956年,批准标准果品公司开始运营利蒙省的香蕉种植园。尽管利蒙省的香蕉产业持续萎缩,标准果品公司仍然为哥斯达黎加带来了可观的就业岗位,在一定程度上促进了国内经济复苏。菲格雷斯和民族解放党主张温和务实的反帝国主义,并不反对发展资本主义和私营经济。建立中美洲共同市场和工业化替代进口战略被摆上台面,菲格雷斯政府开始讨论工业商会促进工业发展的新法案。由于涉及向外国资本提供极其便利的条件,当时法案并未能够获得通过。但是,政府坚持追求出口产品价格最优,工人薪资待遇最优和生活条件最优。值得一提的是,菲格雷斯一直亲自督促哥斯达黎加教育改革的进程,主张在农村地区设立各级学校和推动国内高等教育改革。1957 年,《教育基本法》颁布,标志着20 世纪后半期哥斯达黎加教育体系的建立。时任哥斯达黎加大学校长罗德里戈·法西奥力促大学现代化改革,曾陪同菲格雷斯亲赴欧洲聘请高水平外教来国执教。1957 年,哥斯达黎加大学动用宪法赋予的自治权,摒弃过去的专业院系模式,围绕新的自然科学和人文学学科,重新组织大学课程和专业。

在美苏冷战期间,国际环境更加艰险恶劣,中美洲和加勒比地区均处于独裁者或军人政府的统治之下,头顶"西半球民主主义者"光环的菲格雷斯政府举步维艰。一方面,多米尼加的拉斐尔·特鲁希略、尼加拉瓜的阿纳斯塔西奥·索摩查和委内瑞拉的佩雷斯·希门内斯等拉美国家的独裁者纷纷担心哥斯达黎加帮助本国民主派组织武装斗争。另一方面,菲雷格斯的民主斗争思想获得了美国数名重量级自由派政客力挺。1954 年 6 月,和菲格雷斯站在同一阵线的危地马拉总统哈科沃·阿本斯·古斯曼卸任,中美洲的民主势力再次被削弱,独裁者开始蠢蠢欲动。由此可见,1955 年

年初，索摩查妄图从尼加拉瓜入侵哥斯达黎加并非师出无名。1955年1月11日,500余名卡尔德龙派武装分子穿越尼加拉瓜和哥斯达黎加的边境线，占领了拉·克鲁斯等地，便于索摩查从尼加拉瓜运送武器和物资。1月8日,独裁者希门内斯派遣的委内瑞拉军用飞机在马那瓜降落，菲格雷斯及时撤离转往美洲国家组织援引《里约热内卢协定》控诉中美洲独裁者的暴行。1月12日,美洲国家组织调查委员会抵达圣何塞确认入侵事实，尼加拉瓜继续派遣飞机向哥斯达黎加发动新的袭击。菲格雷斯用象征性的价格从美国购买了多架野马战斗机用于击退入侵者的进犯，美洲国家组织在哥斯达黎加与尼加拉瓜的边境线上建立了防控区。1月25日,叛军败退回到尼加拉瓜境内。至此菲格雷斯政府成功击退了尼加拉瓜叛军的武装入侵。在战争的关键时刻，菲格雷斯得到了美国前总统罗斯福得力干将阿道夫·伯利等人的帮助。同时,美国的新闻媒体隔空声援哥斯达黎加，称赞其为中美洲独裁统治中唯一的民主堡垒。

埃昌迪政府执政(1958—1962)

在非格雷斯第二次执政末期，哥斯达黎加政局暗流涌动、变化显著。其一,1956年,在野党开始为大选做准备,菲格雷斯却无心恋战,期间多次出访国外。其二,民族解放党出现内讧，财政部部长豪尔赫·罗西在党内初选中输给弗朗西斯科·何塞·奥尔利奇，自立门户成立了独立党，菲格雷斯执政结束之时，民族解放党早已分崩离析。其三，菲格雷斯和乌拉特公开决裂，乌拉特派和卡尔德龙派再次携手，共同建立了一个反对菲格雷斯的联盟，扶持马里奥·埃昌迪作为总统候选人。1957 年 2 月，双方在选战中展开了激烈的交锋。1958 年 2 月，埃昌迪赢得总统大选并不出奇。但是，民族解放党依然成为了议会的多数党。此外，卡尔德龙·瓜迪亚结束流亡，返回哥斯达黎加，并成功当选议员。在执政期间埃昌迪政府的保守立场展现得淋漓尽致，对菲格雷斯及其民族解放党的国家干预政策嗤之以鼻，在国家政策的制定和执行层面却不得不受人牵制。一方面，在立法大会中，卡尔德龙派议员并未完全支持埃昌迪政府；另一方面，民族解放党控制了政府自治机构管理委员会，进一步削弱了总统的权力。

在执政期间，埃昌迪政府颁布了《工业发展和保护法》和《经济支持法》。哥斯达黎加咖啡经济的繁荣时期一直持续到 1958 年，彼时国际市场的香蕉价格开始下降，这意味着埃昌迪政府甫一上台就要面对咖啡产业危机和经济萎缩期。1959 年 9 月，罗德里格·马德里加尔·尼埃多领导的工业商会和民族解放党进行协商谈判。在立法大会上，卡尔德

龙派和民族解放党达成一致,《工业发展和保护法》最终获得通过。民族解放党向拉美经委会提出的工业化战略大开绿灯,主张工业化是摆脱农业出口危机的解决之道,同时限制外国资本、保护新兴工业,哥斯达黎加工业部门的崛起之日似乎可以预见。与之相反,工业商会主张提供不受任何限制的便利条件,最终通过的法案实际并未设限。1959年11月,政府颁布《经济支持法》,设立融资专项基金向遇到困难的农民和企业提供帮助,在国有银行设立专门负责抵押贷款的部门。埃昌迪政府获得数笔国外贷款,用于推动农村信贷的发展,遂大力发展农村合作社,强势的农业部部长豪尔赫·波旁·卡斯特罗坚定地支持发展农业多样化。庆幸的是,《经济支持法》不仅使咖啡产业摆脱了危机,在此后数年间还推动国家的科学技术现代化取得了长足的发展。但是,埃昌迪政府反对中美洲经济一体化,国内进出口贸易的既得利益者对此忧心忡忡。尽管中美洲国家早已就一体化问题进行过详实的调研(包括研究、报告和会议等),当时埃昌迪政府与民族解放党以及工业商会激战正酣,采取了反对中美洲经济一体化的立场,最终哥斯达黎加缺席了《中美洲国家经济一体化总条约》的签订。

埃昌迪政府执政期间,1959年古巴革命胜利是国际社会最重大的事件之一。埃昌迪保持一贯的保守立场不明确表态，菲格雷斯则联合其他激进民主派领袖与古巴游击队展开合作，继续支持反抗中美洲地区独裁统治的斗争，打击对象包括多米尼加共和国独裁者特鲁希略和尼加拉瓜索摩查王朝。1959年4月，菲格雷斯访问古巴首都哈瓦那规劝卡斯特罗谨慎行事无功而返。不久，菲德尔·卡斯特罗无视美国的利益加入了苏联阵营，立即加重了中美洲和加勒比地区国家的危机感。1962年10月，古巴导弹危机爆发，冷战上升到新的阶段，国际形势不容乐观，中美洲国家陷入了进退两难的境地。但是，菲德尔·卡斯特罗受到了拉丁美洲各地仁人志士的拥护，许多有志青年选择加入游击队奔赴前线作战，看上去中美洲和加勒比地区的独裁统治似乎快要到头了。

奥尔利奇执政(1962—1966)

在地区局势十分紧张的情况下，1961年，哥斯达黎加总统大选举行，民族解放党总统候选人奥尔利奇、民族联盟党总统候选人乌拉特以及国家共和党总统候选人卡尔德龙·瓜迪亚出马竞选总统。1962年2月，民族解放党候选人奥尔利奇毫无悬念地赢得大选，卡尔德龙获得了35%的选票，乌拉特的支持率仅为13%。这一次所有参选者对选举委员会和选举机制的监督和保障均无异议。从长期来看，1962

年哥斯达黎加民主选举的成功标志着1948年内战的阴霾完全消散,进一步夯实了哥斯达黎加民主政治的根基。

在奥尔利奇执政前后,国际社会和地区局势发生了翻天覆地的变化,哥斯达黎加在外交上选择完全依附于美国。1961年1月,美国总统艾森豪威尔于卸任前半个月宣布断绝与古巴的外交关系。1962年5月,奥尔利奇政府宣布哥斯达黎加与古巴断交。同一时间,菲格雷斯获得了美国总统肯尼迪亲信的力荐,哥斯达黎加激进民主派的美梦看上去好像快要实现了,发展资本主义经济,促进社会公平正义,坚决抵制军事独裁。然而,哥斯达黎加人民很快发现,这一切不过是一个幻想。1962年10月,古巴导弹危机的爆发给整个中美洲和加勒比地区制造了新的大麻烦。1963年11月,美国总统肯尼迪被刺杀,约翰逊总统上台执政,美国深陷越南战争的泥潭,对美国政府的外交政策产生了重大的影响。此后美国对哥斯达黎加采取了截然不同的态度。

为了进一步促进国家现代化发展,奥尔利奇效仿前任政府建立了一批自治机构。1962年,土地与垦殖研究院成立。从20世纪40年代开始,哥斯达黎加人口迅速增长,可开垦土地资源却日益枯竭,畜牧业的发展反而驱逐了曾经占有森林和耕地的农民,越来越多的农民不得不加入开荒大军。在上述背景下,土地与垦殖研究院的工作宗旨,一是帮助农民在未开垦的国有土地上重新定居，二是补偿土地被侵占的土地所有者，三是鼓励农村合作社的发展。作为农民和土地所有者的调解机构，土地与垦殖研究院积极参与土地的再分配，尽管过程比较缓慢、有时甚至出现混乱，从长期来看是一项利国利民的民心工程。1963 年，促进利蒙地区现代化发展的大西洋沿岸经济发展和港口管理委员会成立。1965 年，和咖啡办公室职能相似的蔗糖农工联盟成立。与此同时，哥斯达黎加电力公司继续按部就班地完成水电站建设计划，并因此获得了重要的国际贷款，卡奇大坝于 1966 年开工，第一个现代化电信系统准备就绪，国家电气化基础设施进一步完善。

奥尔利奇政府上台后采取了一系列经济措施，有志于完成第二共和国创委会和菲格雷斯政府未竟的事业。1962 年 7 月，奥尔利奇政府签订了《马那瓜协议》，明确表达了哥斯达黎加加入中美洲共同市场的意愿；次年，立法大会提前批准了入市提案，哥斯达黎加、洪都拉斯、尼加拉瓜、萨尔瓦多和危地马拉在哥斯达黎加首都圣何塞共同签署了建立中美洲共同市场协议；可以看到，哥斯达黎加加入中美洲共同市场为国家的工业化发展注入一剂强心针。在咖啡产业领域，奥尔利奇政府继续推动咖啡种植园的现代化进程。一方面，为了提高单位面积产量，明显地加大了优惠贷款的力

度;另一方面,为了达到提高生产效益和农作物商品化的双重目的,大力促进合作社的发展。1962年,哥斯达黎加正式加入《国际咖啡协定》,有效地促进了国内咖啡行业的规范化,更好地调节了咖啡生产者和出口商的关系。在香蕉产业领域,同样发生了翻天覆地的变化。第一大变化,在奥尔利奇政府执政期间,哥斯达黎加开启香蕉以箱为单位出口的时代。第二大变化,1966年,哥斯达黎加政府与新公司展开了合作,不再局限于两大果品公司。此外,利用国有银行体系提供相应的财政支持,政府不遗余力地加强国内香蕉生产者的地位。在出口贸易领域,肉类和糖类异军突起。短短几年间,继传统的咖啡和香蕉之后,肉类成为哥斯达黎加第三大出口产品。此外,美国市场配额开放的机遇,在一定程度上促进了哥斯达黎加糖类的出口。奥尔利奇政府实施扩张性财政政策,刚刚成立的国家规划和经济政策办公室,负责推动《1965—1968年国家发展计划》。在积极的财政政策作用和影响下,国内财政赤字不断增加,一是政府通过发行国债弥补支出不足,二是外国政府贷款有效填补了国内的财政不平衡。在此期间,正是依靠进步联盟的慷慨解囊,哥斯达黎加进一步达成了收支平衡。但是,1963年至1965年期间,意想不到的自然灾害发生了,伊拉苏火山的喷发导致哥斯达黎加中央山谷地区损失惨重。

随着国家经济的发展，哥斯达黎加人民对教育的关注与日俱增。1965年,国家学习研究院成立,主要致力于培养中级技术人员,尤其是满足新兴工业领域的用工需求。尽管哥斯达黎加的文盲率处于较低的水平，在高等教育方面取得了显著进步，但传统手工业的落后还是严重影响了国内劳动力的素质。此外,在奥尔利奇政府执政期间,哥斯达黎加激进民主派在国际社会的活动空间被不断压缩，老领导人菲格雷斯却不愿提前退出历史舞台，力主和军事独裁统治正面交锋。菲格雷斯的言论受到美国自由派媒体的大力追捧，没有实权的他唯有寄望对拉美的下一代青年政治领袖的意识形态产生实质性的影响。1959年,菲格雷斯早已属意的泛美政治教育研究院正式成立。事后据媒体调查,研究院几乎所有的运营资金均来源于美国中央情报局。研究院的总部设在哥斯达黎加首都圣何塞，主要面向拉美地区的激进民主派青年政治领袖，讲授相关课程、定期组织会议、公开发表刊物《斗争》等。该研究院由美国若干个基金会提供资助。

总体而言，哥斯达黎加工业在奥尔利奇政府时期开始走上了快速发展的直行道，在中美洲地区的贸易长期保持稳定增长。奥尔利奇政府及其背后的民族解放党,在经济结构改革上下对了赌注，尽管短期内并未起到立竿见影的效

果,却为20世纪70年代国家经济腾飞打下了基础。

特雷霍斯政府(1966—1970)

1966年2月6日,哥斯达黎加举行总统大选。民族解放党推选丹尼尔·奥杜韦尔作为总统候选人。不满现状的反对派再次联手,步入暮年的卡尔德龙和乌拉特不计前嫌,双方共同支持民族统一党总统候选人何塞·华金·特雷霍斯。两位总统候选人的经历大相径庭,奥杜韦尔是一位政坛老手,其政治生涯始于第二共和国创立委员会时期;特雷霍斯是一位缺乏从政经验的新人,长期在哥斯达黎加大学担任经济学教授。大选的选情一度十分激烈,奥杜韦尔在全国展开巡回竞选活动,经常引用瑞典和联邦德国作为成功的案例,试图说服选民相信欧洲社会民主主义带来的好处,他提出应该继续深化民族解放党菲格雷斯和奥尔利奇的改革。代表反对派利益的特雷霍斯尖锐地指出,奥杜韦尔实质上妄图打造升级版的中央集权,其政治主张充满了苏联式集体主义的气息。最终,特雷霍斯凭借微弱的优势赢得了1966年大选。对于民族解放党而言,承认败选十分艰难,部分民族解放党人士声称特雷霍斯贿选,由于担心新政府受到卡尔德龙·瓜迪亚的影响,菲格雷斯甚至想过发动政变,考虑到立法大会继续掌握在拿下了29个议席的民族解放党手中，加上民主政治的观念日渐深入人心，特雷霍斯“安全上垒”。

与埃昌迪政府的政治路线相似，特雷霍斯政府具有保守主义色彩。与上一届奥尔利奇政府相反，特雷霍斯政府采取紧缩性财政政策，有意控制公共支出，减少公共债务。1966年至1967年期间，政府不得不应对咖啡价格下降引发的危机。为了增加财政收入，政府批准征收销售税，弥补对工业领域免税造成的税收缺口。不仅如此，为了避免货币大幅贬值，政府再次调整货币汇率。真正让特雷霍斯政府处于风口浪尖的是，关于是否取消银行国有化的争议。1967年7月，银行国有化是否意味着站在苏联阵营一方的争议达到高潮。民族解放党议员坚决拥护银行国有化，菲格雷斯发表公开讲话进行了激烈的辩护，随后取消银行国有化的提案以微弱的票差，被立法大会驳回。1969年，执政的民族统一党和议会第一大党民族解放党一致同意建立人民银行和社区发展银行，两家银行面向兼顾社会和集体利益的项目提供融资，在一定程度上完善了1967年颁布的《社区发展基本法》，地方和社会团体的利益得到了中央政府的进一步重视。

1968年5月，宪法第188条被修改，明确规定自治机构的自治权仅限于行政管理方面。为了促成修宪的条款落

地生根,1970年,特雷霍斯政府通过修改宪法和批准《4—3法》,一定程度上限制了自治机构独立性过强、自主脱离中央管控的问题。按照《4—3法》的相关规定,国家行政机关有权任命自治机构管理委员会7名成员中的4名。1974年,强化了总统制中央行政制度,由政府负责直接任命行政人员。值得一提的是,1969年7月,一项关于总统任期的修宪提案获得通过——从1970年开始,哥斯达黎加禁止总统连任,一直维持至今无人推翻。这一超级重磅消息给哥斯达黎加当时的政治游戏规则带来了根本性的变化,一方面,为青年政治领袖走上政治舞台提供了更多的机会;另一方面,有效地限制了政治强人单独操控政党的可能性。正当菲格雷斯全力冲刺第三次执政之际,上述修宪改革得到了议会批准,其意味深长之处显而易见。

第二节
黄金时代的福利国家(1970—1980)

菲格雷斯第三次执政(1970—1974)

1969年2月,哥斯达黎加总统大选可谓高手云集、名人荟萃，德高望重的菲格雷斯再次作为民族解放党总统候选人出战，支持特雷霍斯参选的政党联盟推选的总统候选人埃昌迪同样是拥有总统执政履历的老面孔。1970 年 2 月,政坛常青树菲格雷斯不负众望再次胜选,却不能阻止哥斯达黎加民众的不安情绪和求变期待。菲格雷斯在大选中胜出。然而,事情却并非如表面的胜负一般简单,在民族解放党内部，尤其是在青年一代中间蔓延着一种强烈的不安情绪,青年政治领袖罗德里格·卡拉索宣布退出民族解放党自立门户。1970 年 4 月,立法大会讨论了一项政府提出的法案:授予美国铝业公司采矿特许权。特许权法案可谓一石激起千层浪,不仅支持卡拉索的议员对此均表示反对,哥斯达黎加的大中学生,几乎所有支持自由主义的青年,纷纷走上圣何塞的街头进行抗议。4 月 24 日,学生与政府形成对峙的局面,警方投掷了催泪弹,部分参与人员被捕,事实上学生街头抗议在哥斯达黎加共和国历史上并不多见。5 月 8 日,64 岁的菲格雷斯第三次执掌哥斯达黎加的政权。6 月 9 日,新旧共和国的重要见证者卡尔德龙·瓜迪亚逝世,一个时代彻底结束了。对哥斯达黎加的年轻一代而言,1948 年内战已成过眼云烟,迎接他们的是美好的新时代。

菲格雷斯政府在经济领域的工作坚持国家发展主义的根本方向,一是继续深化经济结构改革,二是加强政府

对经济的干预,第三次执政的菲格雷斯为国家和人民谋福利的深谋远虑却引发了社会大量的争议。1972年。社会救助联合协会成立,联合协会的主要救助对象包括社会保险尚未覆盖的人群和国家住宅与城市化委员会未能顾及的人群,帮助贫困群体拆除窝棚、分配住房等。同时,在菲格雷斯政府的监管下,实施的普及社保计划运行良好,对贫困家庭子女提供补贴直至其年满16岁。1972年,哥斯达黎加发展公司正式成立,极大地夯实了哥斯达黎加国有企业的物质基础,国家的经济命脉逐渐从过去的大庄园主家族转移至政府手中,某种程度上意味着菲格雷斯及其领导的民族解放党推行的国家发展主义战略到达了一个顶峰。作为一家混合所有制企业,哥斯达黎加发展公司组建或收购的公司手上握有免税金牌,在与民营资本企业的竞争中占明显优势,旗下子公司在70年代末的巅峰时期一度发展至12家之多。1972年,归属北方铁路公司管辖的圣何塞—利蒙港段铁路被收归国有。1973年前后,政府分阶段收购了1965年成立的哥斯达黎加炼油公司的全部股份,在对炼油公司实现完全控股的情况下,政府通过控制价格、燃料税、实际收入等手段保障其财政收入。在本届总统任期内,菲格雷斯建立的其他机构包括:国家香蕉协会,机构职能相当于香蕉产业领域的咖啡办公室;国家合作社促进研究院;市政咨询促进研究院等。

实际上,菲格雷斯政府的外交政策并不神秘,倾向于走当时开始盛行的多元主义和实用主义路线,不仅汲取了欧洲社会民主主义践行的经验教训,还试图从美国总统尼克松访华之行中审慎地参详,在美苏两大阵营中找到一个相对的平衡点。此外,菲格雷斯致力于提高第三世界国家在全球贸易市场中的话语权。例如,效仿石油输出国组织推动建立香蕉输出国联盟。考虑到第三世界国家在当时带来的影响有限,这一创举并未取得太大的成功。1970 年,哥斯达黎加与苏联签订贸易协议,并着手与其建立外交关系。1973 年,哥斯达黎加和苏联的双边协议从经贸领域扩展至文化领域,在超过十年的时间里,大量哥斯达黎加学生获得奖学金前往苏联学习。菲格雷斯和苏联交好的决定却引发了国内的一阵骚乱,哥斯达黎加自由运动党当时不过是一个小规模的社会组织,却上演了一场疯狂的反共产主义运动,许多青年甚至开始接受军事训练,公开向菲格雷斯政府挑衅。在这场骚乱中,《民族报》代表的国内保守势力纷纷参与其中,保守派在街头游行中抗议哥斯达黎加的民主被埋葬,部分极端右翼组织在中美洲地区其他国家开始蠢蠢欲动。1971 年伊始,在危地马拉马诺·布兰卡势力的策划下,哥斯达黎加即将发生政变的谣言一度愈演愈烈,幸亏菲格雷斯

及时防范和巧妙应对。

哥斯达黎加自由运动党

哥斯达黎加自由运动党(以下简称“哥自运”)是哥斯达黎加的一个极右翼反共组织,同时也是世界反共产主义联盟的成员之一。“哥自运”在政治上不主张民族社会主义,而是走白人种族主义路线。在“哥自运”中,全体成员都是哥斯达黎加白人,看不见黑人和犹太人的身影。组织成员坚决捍卫哥斯达黎加人民不受布尔什维克主义魔爪的侵害,避免国内资产阶级被剥夺财产,摆脱土地集体化和马克思主义制度的奴役。

1961年,埃德加·卡多纳、鲁道夫·罗夫莱斯、埃尔南·罗夫莱斯等人建立了哥斯达黎加自由运动党,为了防范古巴革命带来的红色浪潮,哥斯达黎加加入了中美洲国防委员会,作为一个没有军队的国家,哥斯达黎加有必要建立一个军事组织,哥斯达黎加自由运动党应运而生。在罗德里格戈·卡拉索执政期间,作为哥斯达黎加军有的左翼总统,卡拉索给国内外的桑地诺主义者大开绿灯,“哥自运”的成员军事素养良好,谙熟武器装备,当时的“哥自运”几乎等于哥斯达黎加的军队,他们充当了军队精英的角色与桑地诺主义者、共产主义者等进行正面斗争。

进入21世纪,“哥自运”逐渐成长为议会的主要政治势力之一,继续坚定地走右派路线,主张对国家垄断部门实施完全私有化的措施,支持美国—中美洲—多米尼加自贸协定。在奥斯卡·阿里亚斯执政期间,有6名“哥自运”成员在政府身居高位。

菲格雷斯政府历来高度重视哥斯达黎加的教育。1973年,中小学阶段的教育改革完成。此次改革的目的是为了实现教育普及,有效地弥补了人口激增造成的教育需求缺口,但似乎在无形中降低了教育质量。1973年,菲格雷斯在埃雷迪亚新建了一所公立大学——哥斯达黎加国立大学,诞生之日便赋予其“必不可少的大学”的美誉,寄望其在承袭哥斯达黎加大学的基础上,力求教学观念和研究方法的创新,进一步提高哥斯达黎加的高等教育水平。

哥斯达黎加国立大学

1973年2月15日,在时任教育部部长的大力支持下,议会同意成立哥斯达黎加国立大学。哥斯达黎加国立大学的前身是哥斯达黎加师范学校(1914)和高等师范学校(1968)。国立大学继承了两所国内一流

师范院校的教学设施和教学文化,佩雷斯塞莱东师范学校和利韦里亚师范学校从成立之初便成为了国立大学的分部。秉承“真相让我们更自由”的校训,国立大学一直致力于为社会提供最优质的高等教育和为国家的困难群体提供更多机会。

哥斯达黎加国立大学本部位于埃雷迪亚省,其他校区分别位于利伟里亚校区、尼科亚校区、科多校区、佩雷斯塞莱东校区、本哈明努涅斯校区、萨拉皮基校区和阿拉胡埃拉国际分部。

国立大学拥有三个研究中心和五个学院,分别是综合研究中心,教育研究和教学中心,研究、教学和艺术拓展中心、精密科学与自然科学学院、社会科学学院、哲学与文学院、健康科学学学院和陆地与海洋学院。

在投身政坛之前,菲格雷斯可以被视作一位成功的大咖啡庄园主或农业企业家。在圣何塞南部的山区,坐拥多个咖啡庄园的菲格雷斯和弗朗西斯科·奥里奇一道共同创立了圣·克里斯托瓦尔工农业协会。其中的一个咖啡庄园后来成为了菲格雷斯从事政治活动的大本营。直到 20 世纪 40 年代初,菲格雷斯仍然在咖啡庄园经营生意。尽管政治占据了菲格雷斯一生的大部分时间,他却从未放弃自己的家族企业。显然菲格雷斯需要依靠家族企业维持其生活水平。20世纪60年代后期,在美国成功获得贷款后,菲格雷斯结识了一位来自美国得克萨斯的金融家克洛维斯·麦克阿尔宾。1968年至1972年期间,麦克阿尔宾在哥斯达黎加前后总共投资了1100万美元。1970年,哥斯达黎加开始出现麦克阿尔宾金融骗局的谣传。1972年,美国《华尔街日报》和德国《明镜周刊》相继披露了麦克阿尔宾金融骗局,报道中提及,由于与菲格雷斯私交甚笃,麦克阿尔宾在哥斯达黎加生活惬意。1972年,另一位同样从事共同基金投资的美国富商罗伯特·维斯科在哥斯达黎加面临的局面几乎如出一辙。1971年年底,维斯科从瑞士逃至达哥斯达黎加,当时美国证监会正在对他进行调查。和菲格雷斯会面后,维斯科开始通过组建多家公司在哥斯达黎加进行投资,菲格雷斯派和维斯科的联系日益频繁。1972年年底,金融丑闻再次爆发,维斯科被美国证监会控告非法侵占2.24亿美元。1973年,金融丑闻持续发酵。立法大会下令展开调查,揭露了维斯科和菲格雷斯来往密切。司法诉讼和新闻调查把维斯科和菲格雷斯推向了风口浪尖。据《华盛顿日报》爆料,维斯科曾经向菲格雷斯纽约银行的私人账户转账32.5万美元。在漫长的政治生涯中,菲格雷斯从未陷入如此严重的丑闻。然而,金融骗局的判决结果却不了了之。1973年6月,美国政府

正式申请引渡罗伯特·维斯科。由于申请缺乏足够的合法性,负责该案件的法官拒绝了引渡申请,随后获得了上诉法院的核准。判决结果竟然没有引起任何的质疑。下一任总统丹尼尔·奥杜韦尔对此大加讽刺。在第三次执政期间,菲格雷斯为国家贡献了实实在在的成绩,却因为维斯科事件导致政治声望一落千丈。

奥杜韦尔政府(1974—1978)

1974 年 2 月,在反对派四分五裂的情况下,1966 年败选的丹尼尔·奥杜韦尔赢得了大选,民族解放党在选举中再次获胜。这是哥斯达黎加第二共和国历史上第一次民族解放党连续 8 年执政。但是,在立法大会中,民族解放党仅获得了 27 个席位。为了保全议会第一大党的地位,民族解放党不得不拉拢其他政党的当选议员,包括社会主义行动党、阿拉胡埃拉民主党和卡塔戈联盟等。在菲格雷斯第三次执政期间,据称民族解放党和曼努埃尔·莫拉领导的共产主义政党人民先锋党确立了合作关系。1975 年,人民先锋党终于恢复了 1948 年内战前的合法政党身份。哥斯达黎加其他左翼政党在选举法院进行了合法登记,包括哥斯达黎加社会主义党、人民革命运动和人民阵线等。

1973 年下半年,国际市场石油价格不断攀升。在换届选举期间,为了避免油价上涨造成市场动荡,政府暗中出手维持稳定局面。1974 年 2 月,大选结束后,油价立即震荡回落,对国内经济增长造成了严重的负面影响,哥斯达黎加国内生产总值的增速大幅下降,国内经济危机一直持续到 1975 年上半年。从 1976 年咖啡的价格开始上涨,到 1977 年咖啡经济一片欣欣向荣,奥杜韦尔政府终于迎来了经济发展的春天,连续执政的民族解放党得以继续实施菲格雷斯政府野心勃勃的社会资源再分配(即高福利)政策。在经济政策上,奥杜韦尔执政后加速推动国有企业的发展。在短短几年时间里,哥斯达黎加发展公司的业务范围进一步扩大,逐步控制了哥斯达黎加公共交通、水泥、铝、化肥、糖、汽油和其他石油衍生品等行业。在大量的经营活动中,腐败的出现似乎不可避免,加上贷款监管和岗位分配等问题层出不穷,导致政府和企业之间的摩擦和冲突不断,在工业领域表现得尤为突出。

为了真正地落实民族解放党长期坚持的再分配政策,奥杜韦尔政府进一步有效地在全国范围内普及了社会保险。从 1970 年到 1978 年,社会保险覆盖率从 46%提升至 85%。哥斯达黎加人民欣喜地看到,婴儿死亡率大幅下降,家庭抚恤金计划广泛地惠及各个社会群体。在此期间,土地与垦殖研究院受到了奥杜韦尔的高度重视,为了减轻贫困

农民的沉重压力。政府加快了土地再分配的进程,到20世纪70年代末,哥斯达黎加土地非法侵占的情况明显减少。此外,奥杜韦尔政府积极地满足了20世纪50年代出生的哥斯达黎加人更加丰富的教育需求,向新建的哥斯达黎加理工学院和哥斯达黎加国立远程教育大学投放了大量的资源。1975年,推动私立大学立法在当时并未引起太大关注,后来却成为哥斯达黎加建立私立大学的法律基础。

美国铝业公司事件发生后,工人与政府的交锋时有发生,各行各业的工人运动蓬勃发展,工会组织和罢工运动异常活跃。在整个劳工群体中,尽管参与工会的人数所占比例不到两成,香蕉工人工会和新兴左翼团体哥斯达黎加社会主义党等工会组织的影响力不容小觑。同时,地方罢工运动迎来一个新高潮。哥斯达黎加经济大省利蒙多次爆发大罢工,工人对服务、就业和提高工资等方面提出诉求。在奥杜韦尔的总统任期内,民众参与社会运动的热情空前高涨。社会抗议如此频繁是哥斯达黎加自20世纪40年代以来从未出现过的局面,这种情况一直持续到20世纪80年代中期。

20世纪70年代初,哥斯达黎加面临发展中国家经济社会快速发展中出现的典型问题——人口激增。1950年至1973年期间,哥斯达黎加人口呈高速增长的态势,短短二十几年时间里从80万猛增至200万,一方面,人民群众对卫生和教育的需求猛增；另一方面，大量人口从农村涌向城市，由此产生的土地压力急升，农民非法侵占城市土地。但是，截至1978年，哥斯达黎加的各项经济指标和社会指数仍然远超大多数第三世界的国家，人均预期寿命大约在70岁，婴儿死亡率控制在2%左右，文盲率不足10%，社保覆盖率超过劳动力的四分之三，失业率仅为5%，哥斯达黎加成为了世界上当之无愧的“福利国家”。加入中美洲共同市场后，哥斯达黎加的工业经济发展欣欣向荣，却依然主要依靠公共部门、农业和服务业提供就业岗位。在传统的咖啡和香蕉经济之外，出口贸易领域新增肉类和糖类，不仅严重依赖外国政府的贷款和技术，还极大地受制于国际市场的价格波动。然而，尽管付出了诸多努力，国内的贫富差距不断被拉大，哥斯达黎加的人口贫困率不降反升。

第三节
经济危机与缓慢复苏（1980—1990）

卡拉索政府（1978—1982）

1977年，哥斯达黎加大选的选战正式打响了。罗德里

戈·卡拉索联合了当时几乎所有的反对党组成政党联盟。卡拉索抨击上一届奥杜韦尔政府的腐败问题和个人主义,保证他上任后将立即把金融骗子维斯科驱逐出境。此时民族解放党面对的形势变得十分不利,尽管路易斯·阿尔贝托·蒙赫被推选为总统候选人,他却未能获得党内大佬菲格雷斯的支持。奥杜韦尔的经济政策造就了一大批实业家,这些传统的自由主义者一贯支持民族解放党,这一次在大选中却改弦易帜站在了反对派联盟一边。1978年2月,卡拉索取得了50.5%的支持率在大选中获胜,对手蒙赫的支持率为43.8%。在国家最高立法机构中,反对党联盟占有立法大会的27个议席,民族解放党的议席数量定格在25个。两大主要政党之间如此接近的力量对比,使得左翼联盟人民统一、卡塔戈农业党和人民阵线的议员实际享有比简单的投票权更加广泛的权力。

1977年,尼加拉瓜边境的形势开始恶化,桑地诺民族解放阵线发动游击战争的次数不断增加,效忠独裁者索摩查的国民警卫队继续实施报复性侵扰。1978年1月,对佩德罗·华金·查莫罗的暗杀事件发生后,尼加拉瓜国内的形势急剧恶化,一方面,在尼加拉瓜首都马那瓜引发了大规模抗议,为桑地诺民族解放阵线争取到更多的支持者;另一方面,在邻国哥斯达黎加引起了公共舆论的热烈讨论,反对索摩查的力量开始聚集。1978 年至 1979 年期间,桑地诺民族解放阵线得到哥斯达黎加和尼加拉瓜两国民众的拥护和支持,一大批哥斯达黎加青年自愿加入游击队积极参战。卡拉索政府对此视而不见,选择不公开承认。实际上,卡拉索总统甚至知晓古巴和巴拿马向桑地诺民族解放阵线提供武器的海空运输路线。1979 年,在索摩查独裁政权最后的日子里,哥斯达黎加仿佛在刀尖上行走,委内瑞拉派遣一支空军中队保卫哥斯达黎加，虎视眈眈的美军通信营在利比里亚机场安营扎寨。1979 年 7 月 19 日,桑地诺民族解放阵线取得了最终的胜利。

1978 年,卡拉索上台执政之初,哥斯达黎加面临的经济大环境不容乐观。在国际方面,咖啡价格急速下跌,石油价格第二次上涨。在国内方面,除了菲格雷斯第三次执政期间爆发的金融丑闻，还有奥杜韦尔总统任期内经年累月的权力斗争，加上奥杜韦尔时期政府的外债和公共支出大幅增加，国有企业的大规模扩张带来的积极影响却远不如预期理想,一场强大有力的经济改革似乎众望所归。在当时的经济大环境下，有必要采取货币适当贬值和进口暂时收缩的经济政策。然而,为了兑现大选期间作出的承诺,卡拉索选择维持哥斯达黎加科朗对美元的汇率，同时降低进口消费税。这一举措大幅减少了政府的财政收入,哥斯达黎加政

府不得不依靠增加新的外债,才能维持国家经济的稳定。加上尼加拉瓜战争(1977—1979)的爆发,彻底破坏了中美洲共同市场的繁荣稳定，这对于卡拉索政府而言无疑是雪上加霜。1979年下半年,情况开始不受政府的控制。1980年,哥斯达黎加的经济几乎停滞，高通货膨胀时代来临。1980年9月,由于无力维持对美元的汇率,卡拉索政府不得不接受自由浮动汇率。1980年12月,美元对哥斯达黎加科朗汇率上涨50%。至此,哥斯达黎加经济发展的黄金年代行将就木。

1980年,一场看似突如其来的经济危机在卡拉索执政的哥斯达黎加爆发了。当时恶劣的国际经济大环境,加上国家自身的经济结构缺陷，使得哥斯达黎加爆发经济危机看起来似乎不可避免。一方面,由于卡拉索政府的宏观调控相当迟缓,导致哥斯达黎加在最糟糕的时机外债规模激增,哥斯达黎加深陷债务危机，当时甚至打破人均债务率的世界纪录;另一方面,卡拉索政府在推进与国际货币基金组织的谈判上无所作为，导致哥斯达黎加无法及时获得国际金融组织的帮助。卡拉索政府内部分裂成了两派,一派力主尽快与国际货币基金组织达成协议,另一派则对此持反对意见。岂料，反对派竟然取得了胜利。国际货币基金组织甚至在1981年10月关闭了其设在哥斯达黎加首都圣何塞的办事处。失去潜在金主支持的卡拉索政府却无法提出其他具有可行性的替代方案，国内经济危机进一步加剧不过是时间问题。卡拉索政府既不如埃昌迪政府长袖善舞，与农产品出口利益集团之间建立了相对稳固的政治联盟；也难以效仿特雷霍斯政府，赋予国家经济发展协会强大的政治思想和经济使命。倘若细究更深层次的原因，卡拉索政府处理经济危机应变失败，恐怕要归咎于当年依靠抨击奥杜韦尔政府贪污腐败上台，实际上在民族解放党传统的政治思想体系以外，根本没有做好充分的准备制定国家发展路线图。哥斯达黎加跌入了经济倒退和缓慢复苏的漩涡。

蒙赫政府（1982—1986）

1982年2月7日，哥斯达黎加大选如期举行，第二次代表民族解放党披挂上阵的路易斯·蒙赫·阿尔瓦雷斯终于成功胜选，赢得了58.8%的支持率，同时民族解放党在立法大会拿下了33个席位，这一次可谓大获全胜。在其他总统候选人中，代表基督教社会团结党的拉斐尔·安赫尔·卡尔德龙·福涅尔排名第二，取得了33.6%的选票，基督教社会团结党凭借18个议席成为议会第二大党。

在蒙赫执政期间，社会各界围绕如何渡过经济危机逐渐达成了共识，蒙赫政府开始积极向国际货币基金组织、美国国际开发署等国际组织寻求援助。然而，政府试图通过区

区几项宏观调控措施恢复国民经济俨然成为了一种奢望，毕竟1980年经济危机造成的严重后果让每一个哥斯达黎加人都无法独善其身。蒙赫政府承诺减少公共支出，增加非传统出口产品，清算哥斯达黎加发展公司，出台了一系列稳定经济和调整结构的措施。

1982年4月，候任总统蒙赫提出了一项重要的"国家紧急计划"，拉动国内经济的"三驾马车"——投资、消费和出口，其主要目的是为了尽快提振国家经济，顺利度过经济危机。该计划的主要举措包括以下几点：1. 提高生产效率，控制财政赤字；2. 鼓励出口，寻找新市场；3. 通过实施房屋建设计划，提供大量工作岗位；4. 调整税率，减少公共部门预算。此外，蒙赫政府能否与国际金融组织在谈判中顺利达成协议将决定经济危机后遗症的去向。从1982年开始，美国国际开发署通过捐款和贷款等方式向哥斯达黎加中央银行提供了巨额的直接援助，仅在1983年拨款金额达到了2.13亿美元，帮助哥斯达黎加在短期内迅速稳定了经济，从侧面促成了蒙赫政府与国际货币基金组织达成协议，政府债务利息支出不再捉襟见肘。

1984年8月，《货币法》获得了议会的批准，该法律的颁布旨在维护哥斯达黎加科朗的平等地位，在此前提下稳定对美元汇率。值得一提的是，《货币法》明确提出修订《中央银行组织法》第62条，涉及内容包括授权私人银行开展金融交易、设立美元和科朗基金等。多年来一直针锋相对的民族解放党及其反对党如今竟达成了一致，经过一年多的充分讨论，第62条修改案最终得到了广泛的认同。长期以来，民族解放党的经济政策倾向于助力国有银行扩张权力版图，新一轮的金融改革在当时无疑引起了掀然大波，尽管吸纳居民存款仍然是国有银行的垄断专利，《货币法》的横空出世标志着哥斯达黎加国有银行时代结束的开端。

1984年，蒙赫政府规划部部长胡安·曼努埃尔·比利亚苏索提出通过打一套“组合拳”达到复苏国民经济的目的，一是扩大国内需求，二是有计划地推动一个新的出口行业。哥斯达黎加出口产品结构较为单一，政府力促出口产品的多元化无可厚非，但如何平衡国内市场工农产品的生产需求，在实际操作层面有不小的难度。正因为如此，哥斯达黎加经济改革的总设计师、中央银行主席爱德华多·利萨诺表示反对，正所谓“一子落错满盘皆输”，经济改革过程中太过冒险的举措都有可能危及经济的稳定。最终，蒙赫政府听从了中央银行的意见，为了进一步释放市场的活力，改为分阶段实施降低出口税和增加出口补贴的出口政策。1985年，由中央银行主席利萨诺博士制定的经济政策主要包括4个目标：减少财政赤字、恢复实际工资、对外开放经济以及分期支付外债利

息。从1985年开始实施的第一个“结构调整计划”收到了比较良好的效果，阿里亚斯政府和小菲格雷斯政府分别于1989年和1995年批准实施第二个和第三个计划。

1984年至1985年期间,劳动经济部暂时得以恢复,该部门的最初设想是设立专项投资基金用于各类企业投资，投资基金的资金来源是国家提前拨付的劳动者失业救济金。按照《劳动法》的相关规定,劳动者失业救济金的资金来源是从每个劳动者每工作一年抽取1个月的劳动报酬所得,总计不超过8个月。等到退休的时候,劳动者将连本带利获得一笔退休金，除了当初投入的本金再加上投资基金积累的收益。蒙赫政府此举无疑触动了某些人的神经,哥斯达黎加国内的争议声不断。一是全国经济发展协会和人民先锋党为首的新自由主义者坚决反对。二是愿意接受计划的中立者提出了政府不干预投资基金去向的条件。到了蒙赫执政末期，由于在政府干预程度和组织机构方面始终无法达成共识，民族解放党力主推动的劳动经济部计划迎来的最终结局只能是束之高阁。

同一时间，蒙赫不得不应对福利国家人民生活水平下降引发的群众抗议活动。1983年,蒙赫政府大幅度上调居民用电电费,抗议运动的规模逐渐扩大,最终爆发了大规模的示威游行，来自不同城镇和街区的居民拒绝按照新的资费标准支付电费，甚至一度封锁了街道和公路。1983 年 6 月 9 日，政府只好作出让步，同意电费上涨将通过居民阶梯电价的形式实现。1984 年 6 月，结束欧洲访问回国不久的总统蒙赫，不得不面对国内严峻的考验。在哥斯达黎加南太平洋沿岸爆发的香蕉园工人大罢工已经持续了几个星期，这一场声势浩大的抗议运动由人民先锋党发起，大约 3000 名香蕉园工人宣布长达两个半月的大罢工，与此同时国内的企业商会要求政府采取更加果断有力的措施应对尼加拉瓜的边境之乱。1984 年下半年，罢工运动持续升级，边境战乱有增无减，甚至还有人告发左翼团体正在密谋政变试图破坏社会稳定，莫须有的政变谣言传播开来，直接导致了 8 月 11 日整个政府和自治机构的领导班子集体辞职。随后，蒙赫下令重组政府领导班子，任命新的安全部部长和中央银行行长爱德华多·利萨诺。8 月 17 日，立法大会通过了引发巨大争议的《中央银行组织法》第 62 条改革，就此为国家经济改革铺平了道路，成为哥斯达黎加经济危机后一个重要的历史转折点。然而，大罢工的结果却令人大跌眼镜，香蕉园工人的要求非但没有被满足，美国联合果品公司反而开始关闭香蕉种植园，甚至在 1985 年完全退出了哥斯达黎加市场。联合果品公司从哥斯达黎加彻底退出，导致了香蕉园工人以及相关产业从业人员大规模失业，在哥斯达黎加

南部地区造成了严重的社会问题，这标志着人民先锋党领导的工人运动完全失败了。

20世纪80年代初，邻国尼加拉瓜国内的局势错综复杂，哥斯达黎加亦难以独善其身，被牵扯进了美苏在背后角力的尼加拉瓜战争。1979年，桑地诺民族解放阵线(以下简称“桑解阵”)终于推翻了索摩查家族的独裁统治，同年民族复兴政府内阁宣誓就职，继续高举中美洲地区反美大旗的尼加拉瓜无疑成为了里根政府的眼中钉。1979年尼加拉瓜革命成功后不久，中美洲北部再次陷入内战的泥沼，一大批来自尼加拉瓜和萨尔瓦多的难民涌入哥斯达黎加避难。一方面，“桑解阵”在哥斯达黎加国内不乏支持者；另一方面，哥斯达黎加成为了向尼加拉瓜和萨尔瓦多境内的武装力量提供物资和装备的非法中转站，其中包括“桑解阵”的反对势力。在当时的大环境下，哥斯达黎加左翼政党之间产生了严重的分裂：苏联支持的一个激进派别实际控制了人民先锋党；先锋党的老领导人曼努埃尔·莫拉·巴尔韦德成立了一个新的政党；哥斯达黎加社会主义党分崩离析；其他左翼政党最终也都没能逃过销声匿迹的命运。美国政府趁机与哥斯达黎加进一步密切了外交往来，1982年12月，美国总统里根抵达哥斯达黎加，这是1963年肯尼迪总统遇刺以来第一位对哥斯达黎加进行正式访问的美国总统，哥斯达黎加和美国两国在当年实现了总统互访。实际上,无论是执掌政权的蒙赫政府，还是大多数哥斯达黎加人民，经历过1948年内战后对来之不易的和平倍加珍惜,都不希望哥斯达黎加再次卷入战争。原本一贯主张温和务实外交政策的蒙赫政府，竟然允许美国在哥斯达黎加北部边境修建军事基地,哥斯达黎加与尼加拉瓜“桑解阵”政权的关系开始迅速恶化,随之而来的公共外交压力骤然增加。1983年11月17日,不堪重负的蒙赫政府正式对外宣布哥斯达黎加成为永久中立国。蒙赫总统指出,从1829年哥斯达黎加争取独立到第二共和国建国至今，哥斯达黎加长期奉行和平中立的外交政策,在面对可能牵涉其他国家的武装冲突时,哥斯达黎加将会保持永久中立，基于认同的国际法准则和从属的国际或地区安全体系，相信哥斯达黎加的国家安全能够得到足够的保障,比如,联合国、美洲国家间互助条约和美洲国家组织等。哥斯达黎加在此时宣布永久中立受到了域内国家的欢迎，拉丁美洲和加勒比地区的主要国家对此表示支持和认同。从此,哥斯达黎加成为了世界上第一个不设常备军队的永久中立国，仅仅依靠国民警卫队和警察部队维护国家安全。1984年下半年,哥斯达黎加北部边境动作不断,美军不仅派遣了一个工程兵营动手建造道路和桥梁,还暗中支持哥斯达黎加社会团体开展多项民事诉讼。依靠

庄园主和地主的鼎力相助，哥斯达黎加反对派的实力得到了巩固,有了美国撑腰的尼加拉瓜民主阵线迅速发展壮大。1985年2月，美国驻哥斯达黎加大使刘易斯·塔姆斯多年后承认他在哥斯达黎加任职期间美国政府指派了一项秘密任务：利用尼加拉瓜民主阵线对付桑地诺民族解放阵线领导的尼加拉瓜政府。由此可见,哥斯达黎加宣布永久中立在现实层面上恐怕只能是一厢情愿,事实上,有了美国政府代理人身份的加持，尼加拉瓜反对派游刃有余地利用哥斯达黎加领土,为了达到彻底消灭“桑解阵”的目的进行了一系列密谋政变活动。在意识形态和政治层面,保持永久中立的哥斯达黎加实际上仍然选择和西方主要大国保持同一阵线，但永久中立确实帮助哥斯达黎加逃脱了美国伸向北部边境的魔爪，避免在洪都拉斯建立美国军事基地的悲剧再次上演，这一点为哥斯达黎加此后数十年的和平创造了必要条件。同样发生在1984年,哥斯达黎加政府硬生生地被撕扯成了两大派别,一方坚持中立的立场,另一方主张与反对派公开合作，蒙赫政府的安全部部长安吉尔·埃德蒙多·索拉诺更倾向于走中立路线。1984年5月15日,菲格雷斯和奥杜韦尔领导一场和平大游行，当时在首都圣何塞聚集了大约50000人。1983至1984年期间,国内发生的冲突都是有迹可循的,哥斯达黎加的社会动荡进一步加剧了。1984

年5月底,蒙赫开启了对欧洲的正式访问,访问期间他成功说服了欧洲经济共同体答应在中美洲地区发挥更加积极的作用。1984年9月,哥斯达黎加和欧共体在圣何塞举行了一个重要的外交部长会议,随后欧共体同意在哥斯达黎加开设了常设办事处。

1986年,在一片欢呼中蒙赫结束了他的总统任期,蒙赫卸任时获得的声望远远高于他刚刚上任之初,这在哥斯达黎加共和国的历史上异常罕见,按照以往的惯例总统下台时往往骂声一片。一是哥斯达黎加国内的经济出现了稳定向好的局面,二是国内的社会抗议和罢工运动明显减少,三是总统府爆出的金融丑闻并没有损害蒙赫的总统形象,四是最令人担忧的北部边境乱象丛生却没有爆发战争。

阿里亚斯第一次执政(1986—1990)

1986年2月,民族解放党总统候选人奥斯卡·阿里亚斯·桑切斯凭借52.3%的选票力压获得了45.8%支持率的基督教社会团结党总统候选人拉斐尔·安赫尔·卡尔德龙·福涅尔在大选中胜出。阿里亚斯的胜利意味着民族解放党连续八年执政从而保证其政策的延续性,民族解放党获得了29个议席享有最高话语权。小卡尔德龙尽管再次遗憾地败选,但他领导的基督教社会团结党凭借25个议席成为议

会第二大党。在前任总统蒙赫风光卸任的情况下,民族解放党总统候选人奥斯卡·阿里亚斯打出的竞选口号围绕和平大做文章,并承诺会继续下大力气解决群众的住房问题。第二次代表基督教社会团结党出战的总统候选人拉斐尔·卡尔德龙同样选择大打国家安全牌,他认为,在必要的情况下,即假设与尼加拉瓜"桑解阵"开战的话,哥斯达黎加应该派遣国民警卫队与洪都拉斯协同作战。中央银行主席利萨诺博士继续充当哥斯达黎加经济改革总设计师的角色,一方面,在阿里亚斯政府的配合下贯彻民族解放党制定的经济政策;另一方面,在必要时刻提醒新政府及时踩刹车,1987年农业政策和1984年出口政策的实施情况几乎如出一辙。

反对党领导人拉斐尔·安赫尔·卡尔德龙·福涅尔是大名鼎鼎的卡尔德龙·瓜迪亚的儿子。1982年2月,依靠把卡拉索送上总统宝座的团结联盟的支持,小卡尔德龙第一次出战大选铩羽而归;1982年12月,在团结联盟的基础上,拉斐尔·卡尔德龙成立了基督教社会团结党;1986年2月,小卡尔德龙第二次成为总统候选人,却再次败给了民族解放党。在民族解放党连续八年执政的时间里,尽管拉斐尔·卡尔德龙两次出击皆败选,却成功地巩固了基督教社会团结党议会第二大党的地位,为哥斯达黎加人民提供了一种新的选择。拉斐尔·卡尔德龙终于在1990年第三次大选中赢得了胜利，从此哥斯达黎加政坛不再是民族解放党一家独大，而是基督教社会团结党和民族解放党两强相争。为了恢复经济危机中受重创的国家，哥斯达黎加两个主要政党的经济政策竟然几乎是一个模子印出来的，所谓的“左翼”和“右翼”似乎不复存在。

阿里亚斯政府继续坚持对外经济开放和缩减政府规模两大基本政策。一是对外打开大门搞经济，在民族解放党执政期间，政府有意依靠投资刺激国内经济，为了配合大力引进投资的战略，此时原本由私人银行和机构负责投资国内私营企业资金的管理制度无法赶上政策的脚步，甚至引发了1984年哥斯达黎加银行和金融系统的改革。二是对内缩小政府规模，一方面从裁减哥斯达黎加发展公司控制的国有企业下手，另一方面着眼于公共支出规模的控制，在国家预算的执行机关成立了一个专职机构负责严格监管政府公共支出。

削减政府预算规模相应地意味着维持社会保障制度开始力不从心。哥斯达黎加社会保险基金管理局（以下简称“社保局”）的例子恰恰说明了这一点。面临预算削减和赤字增长的双重压力，哥斯达黎加社保局不得不伸出两只手解决问题：一只手伸向企业，企业社保缴费比例从6.75%上调

至9.25%;另一只手伸向自己员工的腰包,社保局22000名职工的社保缴费比例达到了4%,此前社保局系统职工无须缴纳社保,反而被划作薪酬激励的一部分。不堪重负的社保系统职工、医生和护士举起了新一轮的罢工大旗,全国开始陷入长期缺医少药的境地,医院根本无法向病患提供及时的医疗服务,长此以往国家难免会走上一条无法逆转的毁灭之路。无奈之下,政府不得不开展保外项目和动员私立医院进行补救,在一定程度上保障全民医疗服务的质量。总而言之,哥斯达黎加人民此时无奈地发现,劳动者缴纳社保比例不断提高,与之对应享受的社会保障权益却日益减少。

为了治愈1980年经济危机产生的后遗症,阿里亚斯政府在拉动经济"三驾马车"之一的出口领域持续发力,对于发展本国新的出口行业寄予厚望。1982年2月,美国总统里根提出"加勒比湾倡议"(又称"加勒比盆地计划"),意味着庞大的美国市场向哥斯达黎加敞开了大门,哥斯达黎加趁势向美国市场出口服装、鞋、水果以及蔬菜等跳出传统的新产品。在阿里亚斯总统获得"诺贝尔和平奖"之后,哥斯达黎加吸引了世界的目光,旅游业收入开始明显增长,短短几年时间里,旅游外汇总收入甚至超过了第一大出口产品咖啡。在阿里亚斯执政期间,他大力推动的群众住房计划,在拉动国内需求上下功夫。尽管最后是否真的完成了政府宣传口号中“解决80000套住房”的目标无人知晓，但通过修建群众住房进一步拉动了国内的投资和消费。政府宏观调控的经济杠杆有效地调配了社会资源，许多社区组织有序地参与到政府的管理中。阿里亚斯政府的住房政策在继任者执政期间得到了部分延续，一项重要的社会补偿机制就此诞生了。此外，正是依靠的美国国际开发署的大量援助，哥斯达黎加才能够从经济危机及时恢复过来。然而，美国国际开发署绝非仅仅是一个无私的贡献者。美国国际开发署一方面发力支持哥斯达黎加小微企业融资，另一方面却同时要求政府尽一切可能为大规模私人资本的发展保驾护航。不论是美国国际开发署，还是国际货币基金组织，以及其他国际金融组织，实际的谈判议程大同小异，对谈判对象国的社会变化及其影响关心甚微，和政府讨价还价的时候几乎不考虑具体的经济政策。但是，1986年至1987年期间，由于哥斯达黎加在中美洲政治立场的变化，由此产生的尖锐矛盾还是影响了蒙赫和阿里亚斯两届政府原本制定的经济路线。

综上所述，长期以来哥斯达黎加的经济改革似乎始终难以摆脱政府与劳动者、企业与劳动者两对复杂矛盾的关系。面对政府财政赤字、公共部门职工收入下降以及行业税率调整，相关金融机构必须从国家经济发展的大局出发全

盘考虑。在经济改革的过程中,代表不同政治利益和社会关系的各方势力纷纷参与其中,尽管讨价还价的最终结果看似遵循了内部调整的复杂进程,实际上劳动者始终处于最弱势的地位。

阿里亚斯胜选意味着民族解放党连续8年执政,除了在经济上继续贯彻落实蒙赫政府制定的方针政策,新政府在外交上致力于促进中美洲地区达成和平协议。进入20世纪80年代,中美洲北部的战火依然熊熊燃烧,尼加拉瓜内战和萨尔瓦多内战的交战双方看上去都达成了一种假意的和平,实际上和平谈判却道阻且长。墨西哥、巴拿马、哥伦比亚和委内瑞拉四国外长组成了一个所谓的孔塔多拉集团尝试从中斡旋,最终却一无所获。看到前任蒙赫政府在欧洲之旅中尝到了甜头,阿里亚斯上任不久同样选择出访欧洲,并如愿以偿地获得了欧共体的承诺,愿意为哥斯达黎加的和平计划提供重要的支持。1986年中期,从欧洲回国的阿里亚斯决定立即采取措施限制主战的反对派在政府背后密谋行动。当时他拒绝批准美军暗中修建机场的计划,此举自然受到了美国政府方面强行施压,圣何塞和华盛顿的关系一度陷入了僵局,美国原本计划向哥斯达黎加提供的数笔贷款被搁置。1986年下半年,一架运输武器的美军飞机坠落,幸存的当事飞行员在尼加拉瓜被捕,随后牵扯出美国白宫高级官员的一连串非法秘密行动,“伊朗–尼加拉瓜”双料丑闻败露,堪比尼克松“水门事件”的里根“伊朗门事件”爆发。慌作一团的美国总统里根在国会上遭到了在野的民主党和普通民众疯狂的舆论进攻,美国政府不得不委派前参议员约翰·托尔成立一个特别委员会专门负责调查案件。调查委员会披露了美国政府向伊朗秘密出售武器,从中获利接近两千万美元,当中大约三百五十万美元竟然被用来资助尼加拉瓜反政府武装,可见里根政府为了实现推翻尼加拉瓜新政权如何绞尽脑汁不惜代价。为了收拾“伊朗门”事件留下的烂摊子,美国总统里根不得不弃车保帅,一大批幕僚就此作别白宫。1986 年 12 月,美国驻哥斯达黎加大使塔姆斯辞职。1987 年 1 月,美国中央情报局圣何塞情报站站长乔·费尔南德斯被撤职。20 世纪 80 年代末,柏林墙倒塌和苏联政权即将崩溃代表社会主义国家阵营式微,国际局势的变化对尼加拉瓜桑地诺政权起到了相应的威慑作用。1987 年 2 月,哥斯达黎加总统阿里亚斯向危地马拉、萨尔瓦多和洪都拉斯三国的领导人提出了和平计划的第一个正式方案。3 月,美国参议院对中美洲和平计划投票表决获得了支持。8 月 7 日,中美洲诸国领导人齐聚危地马拉,正式签署被称为“艾斯基普拉斯二号”的和平协议,各国均同意实施阿里亚斯的计划。9 月 22 日,阿里亚斯在美国国会发表演讲,他大

声呼吁期待中美洲地区尽快达成和平协议。在国会演讲的最后，阿里亚斯给世人留下了一句广为人知的口号:“让我们给和平一个机会”。中美洲和平协议的成功签署让阿里亚斯载入史册被后世传颂。10月,挪威诺贝尔委员会宣布当年的诺贝尔和平奖的得主是不遗余力解决中美洲危机的哥斯达黎加总统奥斯卡·阿里亚斯·桑切斯。1988年和1989年期间,中美洲和平协议相继生效。在尼加拉瓜,“桑解阵”政府和反对派达成和平协议,总统选举计划于1990年4月举行。在萨尔瓦多，政府与反对派武装的谈判一度陷入僵局，联合国秘书长亲自斡旋促使双方在1989年12月恢复和平谈判,直到1992年1月萨尔瓦多内战的交战双方才真正达成了和平协议。成功化解中美洲危机的阿里亚斯和平计划,最终得以实现主要归功于以下几个原因:一是哥斯达黎加总统阿里亚斯以及外交部部长罗德里戈·马德里加尔·涅托非凡的奉献精神和长期的坚持不懈;二是1986年执政的危地马拉、洪都拉斯和萨尔瓦多等中美洲地区各国领导人同样发挥了不可忽视的作用，尤其是危地马拉总统比尼西奥·塞雷索的个人贡献值得一提;三是“伊朗门”事件给了两面三刀的美国里根政府沉重一击，从侧面激励了渴望和平的美洲人民发动舆论攻势。

1989年10月,在任期即将结束之际,阿里亚斯在首都圣何塞和民众共同庆祝了“哥斯达黎加实现民主一百周年”，这是一个具有象征意义的重大场合，里根的继任者乔治·布什总统到会。由此我们可以看出，在中美洲20世纪的历史上，哥斯达黎加留下了浓墨重彩的一笔，正是依靠哥斯达黎加人民强大的精神力量，20世纪80年代中美洲内战的悲惨篇章终于可以画上了一个句号。

第四节
新自由主义和贸易自由化（1990—2018）

拉斐尔·安赫尔·卡尔德龙·福涅尔政府（1990—1994）

1990年2月，苦心经营多年的基督教社会团结党总统候选人拉斐尔·安赫尔·卡尔德龙·福涅尔在哥斯达黎加大选中胜出，他获得了51.5%的支持率；此外，47.2%的选民支持代表民族解放党出战的总统候选人卡洛斯·曼努埃尔·卡斯蒂略。在小卡尔德龙的领导下，基督教社会团结党（29个议席）力压民族解放党（25个议席）成为了议会第一大党。至此，第二共和国成立以来，民族解放党第二次连续8年执

政的时期告一段落。倘若探究民族解放党败选的原因,一方面,在哥斯达黎加大部分民众的心目中,前总统阿里亚斯似乎醉心于个人国际形象的建立,对国际事务表现出过分的关心,却疏于解决国内的实际问题。另一方面,1980年经济危机后的十年里,民族解放党政府给出的解决方案确实一定程度止了损,在经济改革的过程中降低了社会福利,失去民心似乎在所难免。当然,在野党新总统上任后面临同样的问题也没有拿出好的解决方法又是后话。

20世纪90年代初,哥斯达黎加从80年代的经济危机中缓慢恢复,尽管民族解放党几届政府一直期待打造活力高效的新兴出口产业尚未实现,但基督教社会团结党认同国家应该继续走经济转型的道路。首先,哥斯达黎加旅游业将继续发挥极其重要的作用,下一步为了扩大产业规模,政府有必要加大基础设施建设。其次,进一步深化公共部门的机制改革和职能调整,有意识地打造廉洁高效的国家机器。1993年,哥斯达黎加与墨西哥签订了自由贸易协定,意味着机遇和挑战并存——自由贸易协定为哥斯达黎加带来了极具吸引力的承诺和根本无法预知的风险。1994年,曾经风光一时的盎格鲁—哥斯达黎加银行宣布破产。哥斯达黎加人民不禁开始质疑,在深化经济改革的过程中,小卡尔德龙政府是否拥有足够的管控能力。在当时的哥斯达黎加,走私、贩毒和洗钱等违法犯罪行为似乎已经成了家常便饭，普通民众理所当然地对立法、行政和司法机关提出质询，进一步怀疑由于相关政府部门的不作为、社会补偿机制的责任划分和落实执行是否真正合理。1995年8月，20世纪80年代哥斯达黎加经济改革头号人物——利萨诺博士提出了哥斯达黎加的经济发展中期目标：1. 年通膨率控制在4%的范围内；2. 人均劳动生产率提高6%；3. 10%的低收入人群年收入占国民生产总值的4%；4。教育和医疗卫生经费支出占国民生产总值的6%。上述经济目标把国家经济增长和社会补偿机制相结合，对于哥斯达黎加并非遥不可及，而是有实现的可能性。但是，由于1994年财政赤字占国民生产总值的7%，拉斐尔·卡尔德龙政府不得不在1995年大幅提高税率和陡然降低退休福利待遇、国家教师津贴。国家教师津贴原本作为对教师低收入的一种补偿，早已成为一个朽木难雕的亏损体系。政府一方面大幅提高税率，另一方面却无力遏制猖獗的税收腐败。税务机关行政效率低下，企业绞尽脑汁偷税漏税，论及责任和过错的话，双方应该各打五十大板。

20世纪90年代，中美洲地区各国领导人继续举行定期会晤，向全世界释放一个明确的信号：中美洲地区的国家期待携手并进，共同面对相似的困难和挑战。1992年1月，自从萨尔瓦多正式签订和平协议以来，中美洲领导人

会晤的议题逐渐从和平谈判扩展至经济发展、自由贸易、全球化、可持续发展等领域。20 世纪 90 年代初,后经济危机时代的政治经济改革在哥斯达黎加方兴未艾,一场未完待续的社会巨变最后究竟走向何方尚未可知,仍在进行时的社会变革却已经在哥斯达黎加社会的各个角落留下了深刻的印迹。哥斯达黎加此时被诸多社会问题团团围住,医疗卫生服务和教育的质量均明显下降,贫困率上升、犯罪率上升、暴力事件增加、走私贩毒不断以及孤儿数量增加,政府根本拿不出行之有效的解决方案铲除社会痼疾。1987 年,每十万哥斯达黎加居民中平均有 598 人涉嫌财产犯罪;1994 年,这一数字竟然上升到了 1120 人。此外,与全世界其他国家一样,经济全球化给哥斯达黎加带来巨大机遇的同时造成了强烈的社会冲击,众多族群遭到不同程度的排斥和被边缘化。当然,社会发展还是有值得称道之处,得益于好几届政府的不断努力,通过法律改革的巩固加持,哥斯达黎加女性的社会地位明显提高了。从 20 世纪 70 年代开始,哥斯达黎加一直走在了环境保护的最前列,无论从当时还是现在来看,环保成为了中美洲乃至全世界最重大的议题之一。

20 世纪 90 年代中期,哥斯达黎加依然在前路茫茫的发展之路上曲折前行,似乎再也无法拿出昔日黄金年代一般亮眼的成绩单，直到这条道路的尽头隐约地出现了新的希望。1994 年 2 月，何塞·马丽亚·菲格雷斯在大选中获胜。1994 年 5 月，拉斐尔·安赫尔·卡尔德龙·福涅尔正式卸任。哥斯达黎加人民亲眼见证，在 1948 年内战结束近半个世纪后，两位昔日政敌的继承者在民主的政治氛围下交接政权。

何塞·马利亚·菲格雷斯政府(1994—1998)

身为第二共和国开国领袖何塞·菲格雷斯·费雷尔之子，何塞·马利亚·菲格雷斯结束在美国的深造回国加入父亲创建的民族解放党。1986 年至 1990 年期间，小菲格雷斯进入“诺贝尔和平奖”总统阿里亚斯的政府领导班子积累政治经验。1990 年，即老菲格雷斯去世的同年，民族解放党眼睁睁地把政权拱手让给了小卡尔德龙领导的基督教社会团结党。1994 年，小菲格雷斯在竞选中大打父亲牌，他表面上认同传统的国家干预经济政策，实际上暗示当选后向私人资本开放市场。年仅四十岁的小菲格雷斯代表民族解放党角逐总统大选，最终战胜了基督教社会团结党对手米格尔·安赫尔·罗德里格斯，成为了 20 世纪哥斯达黎加最年轻的总统。20 世纪 90 年代末，民族解放党和基督教社会团结党两党轮流执政似乎都逃不出官僚机构过分臃肿的怪圈。1995 年 4 月 28 日，为了在立法大会上争取充分的支持，执

政党领导人小菲格雷斯和反对党领袖小卡尔德龙代表哥斯达黎加两大主要政党签订了“菲格雷斯—卡尔德龙协议”，一致同意民族解放党和基督教社会团结党遵守共同的章程,这意味着从制度层面做实了哥斯达黎加两党制,保障两个主要政党交替执政垄断政权，其他中小党派的政治生存空间进一步被压缩。直到 21 世纪的第二个十年,公民行动党才打破了两党轮流坐庄的局面。可以预见,该协议的签订在国内引起了巨大的争议和广泛的批评:支持者认为,这是政治成熟发展的体现,有利于保持政策的延续性和稳定性;反对者担心，哥斯达黎加就此从表面上的多党制变成了实际上的两党制,所谓的“反对党”变相等同于另一种形式的“联合执政”。在外交领域,小菲格雷斯任内和美国保持了密切的往来,同时积极推动和墨西哥、巴拿马、伯利兹以及中美洲共同市场等双边和多边自由贸易协定。

在经济领域,小菲格雷斯主张对内调整经济结构、对外开放自由贸易,寄望采取“开源节流”的办法提振国民经济。在“节流”措施上,菲格雷斯上任后宣布,削减公共部门预算,裁减政府机构和国有企业,实行银行自由化措施。同样是执政者实施经济改革，老菲格雷斯在 20 世纪 70 年代大规模实行国有化措施,90 年代执政的小菲格雷斯则反其道而行之,上台后拿政府机构和国有企业开刀,对政府金融机构也不手软。1995 年 6 月,负责国内铁路运输的哥斯达黎加国家铁路公司被关停。成立于 1863 年的盎格鲁—哥斯达黎加银行是哥斯达黎加历史最悠久的国有银行之一，由于经营不善和高层贪腐于 1994 年宣告破产。在“开源”措施上,作为经济发展的引擎,政府积极吸引外资,投资政策向生态旅游和科技领域倾斜，对电信和交通网络进行升级换代。在总统任期内,美国科技巨头英特尔公司同意在哥斯达黎加建厂无疑是一个重大利好消息。但是,考虑到和第一大反对党达成的协议,小菲格雷斯同意继续实施第三个“结构调整计划”，却因此得罪了另有计划的世界银行，对方于 1995 年 3 月撤销了 0.8 亿美元的贷款协议。尽管执政前半期国民生产总值依然在低位徘徊,1995 年通货膨胀率甚至一度超过了 22%，但英特尔公司的投资带来的经济效益立竿见影,1998 年哥斯达黎加经济增长超过 5 个百分点,后续还有三十余家外国高科技公司进驻哥斯达黎加，民族解放党有意把哥斯达黎加打造成拉丁美洲的科技中心。

在社会领域,小菲格雷斯一手主导了《公办教师退休金法》的改革，怨声载道的教师群体举行了大规模罢工。从 1995 年 6 月 17 日起,教师大罢工持续了整整 32 天,后来包括财政、卫生、交通、医院和大学等在内的政府机构和国有企业工会纷纷参与其中，通过罢工的方式向政府表达不

满。尽管在立法大会上两大党派一致同意提案通过,最终该法案并未真正实施生效。此外,为了履行坚持可持续发展的大选承诺,小菲格雷斯政府签署了联合国制定的《京都议定书》,共同应对全球气候变化带来的影响,哥斯达黎加的国际环保形象不断提升。何塞·马利亚·菲格雷斯总统的政绩可谓是"毁誉参半",他领导民族解放党试图建立一种新的经济发展模式,却在大刀阔斧的社会改革中逐渐丧失了民心。

罗德里格斯政府(1998—2002)

1989年,尽管在党内初选中败给了伟人之子小卡尔德龙,米格尔·安赫尔·罗德里格斯却成功地借此打响了名号。1993年,罗德里格斯在党内初选中大幅领先竞争对手同样是前总统之子的胡安·何塞·丰塞卡,却在总统终选中以微弱的差距败给了何塞·马利亚·菲格雷斯。1997年,作为基督教社会团结党唯一的总统候选人,再次卷土重来的罗德里格斯胸有成竹地赢下了选战,在经济社会改革中失去民心的民族解放党只能无奈地交出政权。

在经济领域,作为鼎鼎大名的"新自由主义者",罗德里格斯政府延续新自由主义路线,大力推行私有化措施,刺激国民经济,保持稳定发展。但是,经济增长率和居民失业率竟然出现了同步上涨的局面:1998年,哥斯达黎加经济增长率达到6.2%，1999年，经济增速保持在5%左右；与此同时，1998年，哥斯达黎加公开失业率为5.4%，1999年，失业率上涨至6.2%。如果小菲格雷斯仅仅在银行业小试牛刀，那么罗德里格斯则把改革范围扩大至保险、电力、电信和交通等国家垄断行业，充分发挥市场机制的作用激发国内经济发展的潜能，采取缩减政府规模、减少公共支出和降低财政赤字等措施。但是，对外开放市场的步伐由于民众反对遭遇阻滞，在国际货币基金组织的建议下，为了进一步提高国企的竞争力和现代化程度，罗德里格斯政府对哥斯达黎加电力公司进行私有化改革，随后引发了哥斯达黎加史上最大规模的游行。实际上，政府计划实施私有化改革的对象还包括国家保险公司、哥斯达黎加银行和哥斯达黎加国际银行等。同时，延续前任政府的贸易政策，继续打开自由贸易之门，和美国继续保持良好的经贸关系，和智利、加拿大签订新的自由贸易协定。

在社会领域，罗德里格斯政府打造一系列名为“团结三角”的社会救助项目，主要救助对象包括低收入群体和贫困家庭，中央政府、地方政府和社会组织均参与其中。此外，罗德里格斯同样对妇女、儿童和年轻人表示关切，推动了保障社会弱势群体基本权益立法。但是，罗德里格斯难逃拉美和加勒比地区领导人贪腐丑闻的怪圈，对他的政治声誉造成

了重大的打击,在哥斯达黎加民众心目中的地位一落千丈。2014 年,因法国阿尔卡特公司受贿案牵连,罗德里格斯不得不放弃候任的美洲国家组织秘书长一职,选择回国接受哥斯达黎加司法机关调查。检方有理由怀疑,罗德里格斯和 2010 年至 2012 年期间法国电信巨头阿尔卡特受贿案、哥斯达黎加电力公司再保险合同非法献金案有关,涉案金额高达数百万美元。2016 年,经过一系列判决、上诉和再上诉的拉锯战,刑事法庭最终宣判罗德里格斯无罪释放。

帕切科政府(2002—2006)

1998 年,凭借在电视节目上公开批评总统罗德里格斯对电力公司私有化的精彩发言,担任立法大会议员的阿韦尔·帕切科·德拉埃斯彼尔亚获得了民众的广泛支持。2001 年,基督教社会团结党总统候选人帕切科组建了个人选举阵营,凭借在大选中树立了老实谦逊的经典形象,帕切科从此被哥斯达黎加人民冠以“人民政治家”的美名。在事前民调中落后民族解放党对手罗尔纳多·阿拉亚的不利情况下,加上健康和年龄等客观原因的影响,最初并不被看好的帕切科最终还是赢得了广大选民的支持,在第二轮大选中获得了 58%的选票击败了对手。但是,由于必须面对史上数量最多、构成最复杂的政党组成的立法大会,帕切科上任后施政的困难程度可想而知。在经济领域,帕切科政府执政期间取得了一定的成绩,国民经济增长,公共支出减少,财政赤字降低,内债规模缩小。政府有意通过财政计划,但遭到自由运动党和公民行动党极力阻止。哥斯达黎加和美国的自由贸易协定在社会上引起巨大争议,直接促成了哥斯达黎加史上第一次全民公投。直至阿里亚斯第二次执政,自由贸易协定方才通过。在社会领域,颁布环保法律,禁止露天采矿,暂停石油开采。关注妇女儿童问题,保障妇女基本权益,减低婴儿死亡率。在外交领域,帕切科竟然违背永久中立国的立场明确表态,哥斯达黎加支持美国攻打伊拉克。不久,哥斯达黎加最高法院宪法法庭判决,命令帕切科政府要求美国撤回名单,声明哥斯达黎加不支持攻打伊拉克。帕切科政府此举无疑破坏了基于和平、中立的国家宪法,违背了大多数哥斯达黎加人民的意愿。

阿里亚斯第二次执政(2006—2010)

2006 年 2 月,眼看老对手基督教社会团结党拿下了党史第一次连续八年执政,进入大选年的民族解放党打出党内的最后一张王牌——哥斯达黎加人民心目中地位崇高的奥斯卡·阿里亚斯·桑切斯宣布出山竞选总统,此时的他是唯一一个没有入狱、被起诉或面临调查的前总统。尽管领先

优势十分微弱，民族解放党总统候选人阿里亚斯还是凭借 40.92%的支持率击败了获得 39.80%选票的对手中左翼政党公民行动党总统候选人索利斯。在立法大会选举中,执政得民族解放党拿下了 25 个议席,第一大反对党公民行动党占 17 席,另外 6 个政党赢得了剩下的 15 个席位。

> 我们会继续深化哥斯达黎加和世界经济的联系，充满活力地吸引外国投资,继续坚定地实施对外贸易政策,有利于国内大部分生产者融入出口市场。
>
> 本届政府的社会政策重点会放在全民公共服务领域，工作的重中之重是教育和哥斯达黎加国家社会保险基金,所有哥斯达黎加人都应该从中受益。
>
> 我们将致力于实施消除贫困，让社会再分配进一步优化,让社会投资更加透明,让所有的工作成果都经得起严格的考验。
>
> ——奥斯卡·阿里亚斯·桑切斯

在第二次执政期间，为了积极地顺应经济全球化的浪潮,阿里亚斯政府加大对外开放市场的力度,提高哥斯达黎加对外贸易的自由化程度。同时,高度注重改善民生,提高社会福利水平,加强基础设施建设。2007 年下半年,为了尽快落实2004年签署的《美国—中美洲—多米尼加自由贸易协定》，阿里亚斯总统破天荒地决定动用全民公决的方式，争取自由贸易协定早日落地生根，最终51.7%的赞成票让议会通过立法昭示该协定生效。政府实施财税改革和调整货币政策，一是增加财税收入，统一所得税率；二是削减公共支出规模，2008年经济危机爆发以前，哥斯达黎加十年来首次中央政府财政收入扭亏为盈；三是实施灵活的汇率制度，减缓科朗对美元汇率贬值。根据英国经济学人智库和联合国拉美经委会提供的数据显示，哥斯达黎加通货膨胀率持续下降，从2005年的14.1%迅速减至2006年的9.5%，再一路降至2009的4.5%；公共债务占国民生产总值的比重不断降低，从帕切科政府时期超过六成的公共债务规模降低至阿里亚斯政府的四成左右；2006年至2008年期间，国内私人消费、固定资本投资、出口和进口均保持稳定增长的态势。

直到2009年，在全球经济危机的大背景下，哥斯达黎加经济出现了倒退，经济负增长1.2%，财政收入减少9.5%，财政支出增加15.6%，出口下降56.26%，进口减少20%。贫困率和赤贫率分别上升至18%和5.3%。为了应付国际金融危机引发的多米诺骨牌效应，阿里亚斯政府于2009年顺应时势出台了“盾牌计划”，旨在刺激经济发展和

维护社会稳定,主要具体措施包括:增加养老保险金支付额度、实施扩大教育的“前进计划”、为中低收入家庭提供住房贷款、实行每周4天工作制、延长失业人员健康保险、支持中小企业发展、向农民和手工业者等发放贷款、向美洲开发银行申请5亿美元贷款、增加基础设施建设投资等。

在外交领域,阿里亚斯政府重视发展与拉丁美洲和加勒比地区国家关系,与美国保持传统的友好关系,与欧盟继续稳定的合作关系。与中国的外交关系取得了重大突破,在政治、经贸和文化等领域“多点开花”,包括哥中两国正式建交、开启自由贸易协定谈判、成立第一所孔子学院等。2007年6月1日,哥斯达黎加宣布与台湾断绝所谓的“外交关系”,正式和中国建交了大使级外交关系,成为世界上第167个承认中华人民共和国的国家。从长期发展的眼光来看,这是阿里亚斯任内做出的哥斯达黎加第二共和国历史上最重要的外交决策之一。从此中哥双边关系走上了发展的快车道,哥斯达黎加从两国关系中获益匪浅,双方在政治、经贸、教育和文化等领域的合作日趋深入。

阿里亚斯曾经谋求总统连任失败,在立法大会、最高法院宪法法庭甚至自家政党的层面均未获得支持,前总统蒙赫更是直斥阿里亚斯的行为违背宪法,妄图实现总统连任无异于“阴谋叛变”,从另一个侧面反映了哥斯达黎加坚固的民主政治根基。

钦奇利亚政府(2010—2014)

2009年,曾在阿里亚斯第二次执政期间官至副总统的劳拉·钦奇利亚·米兰达通过了党内初选,正式宣布成为民族解放党总统候选人,哥斯达黎加历史上第四位冲击总统宝座的女性。钦奇利亚先后在哥斯达黎加外交、安全和司法等部门任职。面对总统大选的两位对手——公民行动党候选人奥顿·索利斯和自由运动党奥托·格瓦拉,依靠民族解放党长期执政的历史底蕴,加上前总统阿里亚斯的崇高声望,劳拉·钦奇利亚在第一轮投票中赢得了46%的支持率成功当选,排在第二位的索利斯得票率为24%,第三位格瓦拉仅有21%。在同期举行的立法大会换届选举中,民族解放党获得了24个议席,公民行动党拿下11个席位,自由运动党9席,基督教社会团结党6席,其余政党瓜分了57个议席中剩下的位置。由于执政党未能在议会获得多数席位,在施政期间钦奇利亚总统曾先后向公民行动党和自由运动党等在野党寻求合作。

2010年,钦奇利亚甫一上任既要面对国内居高不下的犯罪率,民众期待政府维护司法公正和国家安全,又要应付2008年全球经济危机对哥斯达黎加造成的打击。在领导班

子上,钦奇利亚组建了一支强大的“娘子军”坐镇政府内阁,在经贸、科技、住房和卫生等九大重要部门执掌大权。在施政纲领上,钦奇利亚继续坚持阿里亚斯政府的发展道路,实际上奉行中右翼的政治路线,依靠贸易和外资拉动经济发展,重视市场自由化的程度。在对外公布的“2010—2014年劳拉·钦奇利亚政府计划”中,强调社会福利、环境保护、国家安全、竞争力和创新性等方面,施政的具体措施包括增加社会开支,减少居民失业,发展可再生能源,成立司法调查机构,创建国家反毒品委员会等。

一方面,钦奇利亚政府继续推进自由贸易政策,面向全球开放市场,鼓励外国投资,加强基础设施建设,刺激经济发展;另一方面,实施扩张性财政政策,制定税收改革方案,提出中产阶级住房计划。根据拉美经委会和哥斯达黎加中央银行提供的数据显示,2010年至2014期间,哥斯达黎加经济持续好转,年均经济增长率维持在4%左右(2010年4%,2011年4%,2012年5%,2013年3%),贸易总额持续增长,国家竞争力指数回升。在钦奇利亚执政期间,哥斯达黎加经济总体向好,从2010年开始逐渐走出经济危机实现强劲复苏,由于世界经济增长乏力和对外贸易条件恶化,2013年一度出现经济下滑的现象。但是,根据联合国拉美经委会和哥斯达黎加国家统计和人口普查局提供的数据显示，失业率和贫困率双双呈现上升趋势，家庭贫困率从2008年的16.4%上升至2013年的20.7%，家庭赤贫率从2008年的5.5%上升至2013年的6.4%，失业率从2010年的7.3%攀升至2013年的8.5%。

总体而言，哥斯达黎加经济持续增长，但就业却依然困难，失业率持续攀升，上述奇怪现象主要归因于国内的二元经济结构，一边是一个适应经济全球化发展的现代出口部门，另一边是难以融入世界经济的其他部门，对外贸易产生的经济活力无法满足国内大部分的就业需求。2010年至2014年期间，政府财政赤字和经常账户赤字双赤字增加，哥斯达黎加却继续扩大社会福利，公共支出增速超过财政收入增速，预计下一个四年情况亦难以扭转。

在社会领域，钦奇利亚关切民生疾苦，延续前任阿里亚斯的“盾牌计划”，政府重视教育和卫生，关心妇女儿童问题，重拳出击维护社会治安，严厉打击犯罪和毒品走私活动，制定了“公民安全和社会和平政策”，提出了围绕“全面安全”进行的一揽子方案：一是经济和竞争力安全，二是社会和福利安全，三是公民和社会安全，四是环境和发展安全。通过一系列管控和整治措施，有效遏制了犯罪率上升，谋杀犯罪率下降，家暴犯罪率大幅降低。钦奇利亚政府给出的环保成绩单非常亮眼，一是发展可再生能源成效显著，哥

斯达黎加全国超过九成电力供应来自可再生能源;二是在保护海洋领域做出的贡献在国际社会引起了巨大的反响。然而,第一位女总统依然给下一届政府留下了贫困、失业和收入不平等未完待续的作业。

在外交领域,奉行和平中立的外交政策,重视发展和西半球国家的传统友好关系,积极参与多边贸易体制和区域经济组织。和美国保持传统的友好关系,美国长期占据哥斯达黎加第一大贸易伙伴的位置,哥斯达黎加从《美国—中美洲—多米尼加自由贸易协定》中受益匪浅。和欧盟继续深化双边关系,2010年5月,谈判时间历时两年的《中美洲—欧盟自由贸易协定》尘埃落定。和亚洲国家不断扩大合作范围,2010年4月,先后与中国、新加坡签订了自由贸易协定。这是中国与中美洲国家达成的第一个自由贸易协定,中国成为了哥斯达黎加第二大贸易伙伴。钦奇利亚政府乐于推动地区经济一体化进程,受邀加入太平洋联盟,启动加入经济合作与发展组织的相关程序。和尼加拉瓜在北部圣胡安河流域因航行权利产生了边界纠纷,2013年11月,海牙国际法院作出了有利于哥斯达黎加的裁决。

索利斯政府(2014—2018)

2013年,路易斯·吉列尔莫·索利斯一举拿下了党内竞选资格,代表公民行动党出战总统大选。最初,索利斯被认为是一名中左翼总统候选人,籍籍无名的他打着“认识我”的竞选口号开启全国拉票之旅,但民调支持率一直在5%的低位徘徊,落后于民族解放党阿拉亚和自由运动党格瓦拉等人。大选选情的发展出乎外界预料,在第一轮投票中,索利斯拿下了30.95%的支持率竟然略高于阿拉亚29.59%。在第二轮投票中,由于在上一个任期内民族解放党被贴上了贫困、失业和腐败等标签,索利斯(77.99%)大胜无心恋战的阿拉亚(22.31%),成为了哥斯达黎加历史上第一个获得超过百万选票(130万)的总统候选人。在议会选举中,执政党公民行动党12席,民族解放党18席,基督教社会团结党8席,广泛阵线党8席,自由运动党4席,其余政党瓜分剩下的7个议席。和前任钦奇利亚政府一样,索利斯也不得不面临执政党未能拿下议会多数党宝座的窘境。由于第一大反对党民族解放党的议席数量占优,索利斯选择向第二大反对党基督教社会团结党、左翼政党广泛阵线等寻求支持,试图掌握立法大会的话语权。但在其执政期间,执政党内部分歧不断,反对党外部施压,政府高层变动频繁,一定程度上削弱了索利斯政府的政策执行能力。

为了赶上富有远见卓识的时代浪潮,现在是时候

凝聚我们所有人的努力,与时代的光明和黑暗一道,正是这一切构成了我们当代政治文化最重要的印记。从这个意义来看,新一轮的时代浪潮将会成为我们国家无边的历史汪洋中采撷的一朵浪花,我希望它带来的是欢乐而不是毁灭,直到某一天消散在岸边。

——路易斯·吉列尔莫·索利斯

2014 年 5 月 8 日,索利斯正式走马上任,其施政纲领包括建立经济增长和社会发展的长效机制,减少财政赤字,优化公共投资,增加就业岗位,维护社会公平,实现性别平等,减少贫困人口,重视教育问题,应对气候变化危机,打造廉洁透明的政府,助力小微企业的发展,等等,上述政策主张从政府公布的《2015—2018 年国家发展规划》中得到了印证。索利斯政府实施宽松的财政政策有利于刺激经济发展,在总统任期内,哥斯达黎加成为中美洲地区经济增速最快的国家之一。总体而言,通货膨胀率较低,经济复苏缓慢,政府财政赤字、公共债务规模和公开失业率高企,“节流”的财政改革获得通过,“开源”的税收改革议案却受阻。根据拉美经委会和国家统计和人口普查局提供的数据,2014 年,哥斯达黎加经济增长 3.6%;2015 年至 2017 年,三年的经济增长率分别是 3.7%、4.5%和 3.9%。但是,公开失业率呈缓慢上升趋势,从2012年的7%左右上升至2017年的9%左右。通货膨胀率不断下降,从2014年的5.7%下降至2017年的2.7%。2015年至2017年,全年财政赤字维持在5%至6%的范围内。公共债务规模一直居高不下,维持在国民生产总值比重的五成左右。

在社会领域,减少社会不公平,致力于扶弱减贫,提高社会福利水平,放宽中产阶级房贷政策,维持哥斯达黎加社会保险基金管理局的平稳运营。继续加大教育投入,提高教育支出占国民生产总值比重,强化教育欠发达地区的基础设施建设,加大英语和科学技术知识的传播和普及力度,增强国民的基本素质。世界银行高度评价哥斯达黎加的减贫成果,根据国家统计和人口普查局提供的数据,2017年,哥斯达黎加的家庭贫困率和家庭赤贫率分别为20%和5.7%。2016年11月,飓风“奥托”登陆哥斯达黎加,东部利蒙省等加勒比海沿岸地区受灾严重,灾后超过八成民众满意索利斯政府采取的紧急应对措施。然而,哥斯达黎加的谋杀案数量惊人,公共安全支出却直线下降,社会治安状况亟待改善。

在外交领域,在外贸问题上,和美国、欧盟维持传统的友好关系,均已签署自贸协定;和拉丁美洲保持密切的往来,继续推动地区一体化进程,执政期间索利斯担任拉丁美洲和加勒比共同体轮值主席,加入太平洋国家联盟的提议

被搁浅,继续推进与经合组织的谈判;积极寻求与亚洲各国深化合作关系,与中国、新加坡和韩国均已签署自贸协定,下一步考虑与日本、东盟建立新的贸易关系;2015年1月6日,索利斯总统出访中国,两国建立战略伙伴关系,双边关系进一步深化。此外,在边境问题上,和尼加拉瓜的关系依然紧张,重新划定与厄瓜多尔的海上边界线。

根据盖洛普调查的数据显示,索利斯执政期间的民众支持率分别是2014年66%、2015年50%、2016年45%和2017年43%,尽管支持率有所下降,索利斯依然是哥斯达黎加人心目中好感度最高的当代政治人物之一,仅次于前总统阿里亚斯。

小结

从第二共和国建国至今,哥斯达黎加一直稳扎稳打地搞经济和促民生,在自由贸易、教育、旅游和环保等领域取得了举世瞩目的发展成果,在某种程度上可以被视作中美洲和加勒比地区发展中国家的典范。20世纪70年代末,环顾当时的第三世界国家,哥斯达黎加是当之无愧的福利国家,这一点在很大程度上有赖于政府公共部门、自治机构和国有企业的通力合作,在卫生、教育和基础设施建设等领域进行了大量公共投资。1980 年,哥斯达黎加的社会保险几乎实现了全覆盖;哥斯达黎加的人口平均预期寿命从 1950 年的 57 岁上升至 1980 年的 73 岁,每千名活产婴儿的死亡人数从 95 人下降到 21 人,12 周岁以上的公民文盲率从 1950 年的 21%下降至 1980 年的 10%。20 世纪 80 年代初,纵横东西南北的道路交通网基本成型,哥斯达黎加全国道路总里程从 1970 年的大约 2 万千米上升至 1980 年的 2.8 万千米,不论是贯穿哥斯达黎加、连接南北边境的公路,还是连接东西海岸线的公路,以及中央山谷地区的道路修缮工程全线竣工。政府的减贫工作取得了显著的成效,中产阶级进一步扩大,有助于优化社会结构,新兴中产阶级用开放活跃的姿态参与国家的政治生活。

尽管从 20 世纪 80 年代起,哥斯达黎加开始在经济危机的泥潭和新自由主义改革的探索中艰难行进,国家对环保政策的高度重视却从未懈怠,时至今日哥斯达黎加俨然被视作全球环保领域的领头羊,进入 21 世纪更是开创了生态旅游业的新风尚。从 20 世纪末开始,政府开始有意识地修正过去为了发展经济付出的环境代价,国家领导人主张通过立法保护哥斯达黎加的生态环境和自然资源,并将其视为 21 世纪国家繁荣发展的基石。环境破坏和可开垦土地资源枯竭问题的根源最早大约可以追溯至殖民时期,从欧

洲陆续引进的新农作物、动物和农业技术涌入哥斯达黎加，伴随19世纪咖啡和香蕉等主要经济作物的繁荣发展，人口激增引发的移民垦荒潮，让政府和土地所有者都深刻地意识到了环境保护的重要性。今天的哥斯达黎加手中已经拥有了另一张用心打造的国家名片，政府惊喜地发现大力发展旅游业达到了“一石二鸟”的目的，一是拉动经济发展，二是保护生态环境。1985年，《旅游投资促进法》的正式通过从立法层面打通了关键环节，随之而来的发展红利惠及就业、基础设施和公共服务等领域。1987年，阿里亚斯获得诺贝尔和平奖让哥斯达黎加在国际上声名大噪，许多外国游客慕名而来到这个中美洲小国观光。2009年，哥斯达黎加是中美洲域内最受游客欢迎的国家，在世界范围内排名第42位。

进入20世纪90年代，哥斯达黎加的政治生态发生了重大的变化，尽管民族解放党的历史地位和现实影响依然难以撼动，新的政治力量经过多年积累终于登上了政治金字塔的顶端，改变了第二共和国建国多年来民族解放党一家独大的局面，菲格雷斯派民族解放党和卡尔德龙派基督教社会团结党两党交替执政二十余载，直至21世纪第二个十年，国内第三大党公民行动党坐上了执政党的宝座。20世纪90年代初，哥斯达黎加第二大政党、由共和党、民主革新党、基督教民主党和人民团结党等主要反对党联合成立的基督教社会团结党成为了执政党；进入21世纪，民族解放党依靠“诺贝尔和平奖”总统阿里亚斯和哥斯达黎加国家历史上第一位女总统劳拉·钦奇利亚夺回了领导权；在2014年和2018年两次总统大选中，暗中蓄力多年的公民行动党再次把民族解放党拉下马，减贫成效斐然的索利斯和首位“80后”总统阿尔瓦拉多相继上台，民族解放党和基督教社会团结党之后，成为了哥斯达黎加第二共和国时期第三个拿下连续两届执政权的政党。

执政时间	总统	执政党
1949—1953	奥蒂略·乌拉特·布兰科	民族联盟党
1953—1958	何塞·菲格雷斯·费雷尔(第二次执政)	民族解放党
1958—1962	马里奥·埃昌迪·希门内斯	民族统一党
1962—1966	弗朗西斯科·奥尔利奇·博尔马西奇	民族解放党
1966—1970	何塞·华金·特雷霍斯·费尔南德斯	民族统一党
1970—1974	何塞·菲格雷斯·费雷尔(第三次执政)	民族解放党
1974—1978	丹尼尔·奥杜韦尔·基罗斯	民族解放党
1978—1982	罗德里戈·卡拉索·奥迪奥	团结联盟
1982—1986	路易斯·蒙赫·阿尔瓦雷斯	民族解放党
1986—1990	奥斯卡·阿里亚斯·桑切斯(第一次执政)	民族解放党
1990—1994	拉斐尔·安赫尔·卡尔德龙·福涅尔	基督教社会团结党
1994—1998	何塞·马利亚·菲格雷斯	民族解放党
1998—2002	米格尔·安赫尔·罗德里格斯	基督教社会团结党

执政时间	总统	执政党
2002-2006	阿韦尔·帕切科	基督教社会团结党
2006—2010	奥斯卡·阿里亚斯·桑切斯（第二次执政）	民族解放党
2010—2014	劳拉·钦奇利亚·米兰达	民族解放党
2014—2018	路易斯·吉列尔莫·索利斯	公民行动党
2018—	卡洛斯·阿尔瓦拉多·克萨达	公民行动党

说明:此表为作者依据《哥斯达黎加》(杨志敏,方旭飞,北京:社会科学文献出版社,2011,第 351 页)改编整理。

一个国家操控政治航程的"机长"换了人,意味着经济和社会发展的大方向亦会随之发生改变。从 20 世纪 90 年代开始,民族解放党和基督教社会团结党交替执政,哥斯达黎加的国家发展战略从传统的发展主义转向新自由主义;进入 21 世纪第一个十年,第二次执政的阿里亚斯总统带领哥斯达黎加人民坚定地走上了贸易自由化的道路,积极推进区域经济一体化进程,迎接经济全球化带来的机遇与挑战;时间来到 2018 年,在世界银行公布的《2018 年营商环境报告》中,哥斯达黎加是中美洲营商环境最好的国家,高居整个拉丁美洲地区第五名。第一大政党民族解放党在创始人菲格雷斯领导下一直全面推行发展主义战略,强调国家干预经济,高度重视社会福利,伴随发展主义战略的现实困境和不可逆转的经济全球化趋势,从 20 世纪 80 年代开始逐渐调整经济政策，从传统的国家主义发展模式转向市场导向的新自由主义路线，分阶段减少贸易保护主义，诸如国有企业改制、恢复私人银行等自由化措施。第二大政党基督教社会团结党继承了卡尔德龙主义思想，明确地主张新自由主义经济纲领，减少国家对经济的干预，充分发挥市场的主导作用，鼓励发展私人资本和吸引外国投资，大力发展对外贸易，完全向国际市场开放，废除工业保护主义。第三大政党公民行动党成立于2000年，主要吸纳了不满两大传统政党的其他利益阶层，自成立之初起高举反新自由主义经济政策的大旗，反抗世界银行和国际货币基金组织等国际组织强行把经济实力羸弱的小国纳入全球经济版图的意图，反对公共部门私有化，却不反对私营部门的发展，主张坚决打击贪污腐败和保障全体人民在科教文卫体等领域的合法权益。实际上，公民行动党第一位宪法总统索利斯上任后对外贸易继续焕发出新的经济活力。

2018年，公民行动党总统候选人——卡洛斯·阿尔瓦拉多·克萨达在第一轮大选中凭借超过60%的高支持率赢得了大选，成为了第二共和国建国以来最年轻的总统(年仅38岁)，同时也是历史上在第一轮大选中胜出的第二位总统候选人，他宣布将组建史上女性成员最多的政府领导班子。青年政治领袖阿尔瓦拉多曾先后担任索利斯选营媒体

总监、社会融入和人类发展部部长、劳动部部长等职位，摆在他面前的依旧是老生常谈的几大议题，如何降低财政赤字、增加就业机会、减少贫困人口、整顿社会治安和肃清贪污腐败，哥斯达黎加“80 后”新总统的未来的确任重而道远。但是，哥斯达黎加人民似乎不会对此灰心丧气，在美国《纽约时报》2010 年撰写的一篇名为“最快乐的国民”的报道中，无论从生活满意度调查、期待值还是环境影响来看，哥斯达黎加是世界上最快乐的国家之一。我们有理由相信，哥斯达黎加的年轻一代正在慢慢扛起国家发展的大旗，这个把国防预算投放到教育领域的永久中立国必将继续成为未来中美洲一道亮丽的风景线。

附录

哥斯达黎加大事年表

前哥伦布时期的哥斯达黎加
（距今约 15000 年前—1500 年左右）

距今约 15000 至 10000 年前，哥斯达黎加人的祖先散居在中美洲文明和安第斯文明的交汇处

约公元前 7000 年，在哥斯达黎加的图里亚尔瓦谷和瓜纳卡斯特地区先后发现古代人类的定居点

约公元前 5000 年，现今哥斯达黎加所在的中美洲地区进入了早期农耕文化时期

公元 300—800 年，组织结构较为复杂的早期酋长部落开始在哥斯达黎加出现

公元 15 世纪，乔罗台卡人、纳瓦特人、科罗比西人、加勒比人和博鲁卡人等主要土著民族大约 40 万人生活在哥斯达黎加

发现和征服时期的哥斯达黎加
（1502—1575）

1502 年 9 月 25 日，克里斯托弗·哥伦布发现哥斯达黎加

1508 年 6 月 9 日，迭戈·德·尼科萨被任命为韦拉瓜总督

1511年12月23日，巴斯克·努涅斯·德·巴尔博亚被任命为贝拉瓜总督

1522年，吉尔·冈萨雷斯·达维拉是第一位抵达尼科亚湾的西班牙探险家

1524年，西班牙人在现今哥斯达黎加领土太平洋沿岸建立起第一个殖民城镇(即布鲁塞尔镇)

1529年，马丁·德·埃斯特抵达哥斯达黎加北部的平原地区

1534年，费利佩·古铁雷斯远征贝拉瓜地区失败

1539年，阿隆索·卡莱罗成功开辟“圣胡安线路”

1540年，贝拉瓜公国建立

1540年，迭戈·古铁雷斯被任命为刚刚成立的新卡塔戈省和哥斯达黎加省省长

16世纪五六十年代，胡安·德·卡瓦勇、胡安·德·埃斯特拉达·拉瓦戈·伊·阿涅斯、胡安·巴斯克斯·德·科罗纳多、阿隆索·安古西亚纳·德·甘博亚和贝拉凡·德·里维拉等人率领西班牙远征队开始征服哥斯达黎加不同的地区

1573—1577年，阿隆索·安古西亚纳·德·甘博亚被任命为哥斯达黎加省临时总督

殖民时期的哥斯达黎加(1575—1821)

16—18世纪,哥斯达黎加省隶属于王家危地马拉都督辖区(又称为“危地马拉王国”),首府位于卡塔戈市

独立时期的哥斯达黎加(1821—1849)

1821年10月29日,《哥斯达黎加独立宣言》正式公布,哥斯达黎加省从宗主国西班牙完全独立

1821年12月1日,哥斯达黎加第一部政治宪法《协和条约》正式生效

1823年4月5日,哥斯达黎加第一次内战(又称为“奥乔莫戈战役”)

1824年7月,尼科亚地区并入哥斯达黎加

1824年11月22日,哥斯达黎加加入中美洲联邦共和国

1825—1833年,胡安·莫拉·费尔南德斯担任国家元首

1833—1835年,何塞·拉斐尔·加列戈斯担任国家元首

1835—1837年,布劳利奥·卡里略担任国家元首

1835年9月至10月,哥斯达黎加第二次内战(又称为“联盟战争”)

1837—1838 年，曼努埃尔·阿基拉尔担任国家元首

1838—1842 年，布劳利奥·卡里略担任国家元首

1838 年 11 月 14 日，哥斯达黎加脱离中美洲联邦共和国

1842—1844 年，何塞·马丽亚·阿尔法罗担任国家元首

1842 年 4 月至 9 月，弗朗西斯科·莫拉桑担任国家元首

1845—1846 年，何塞·拉斐尔·加列戈斯担任国家元首

1846—1847 年，何塞·马丽亚·阿尔法罗担任国家元首

1847—1848 年，何塞·马丽亚·卡斯特罗·马德里斯担任国家元首

第一共和国时期的哥斯达黎加（1848—1948）

1848 年 8 月 31 日，哥斯达黎加共和国成立

1849—1859 年，胡安·拉斐尔·莫拉·波拉斯担任总统

1858 年，哥斯达黎加与尼加拉瓜签订《卡尼亚斯—赫雷斯条约》

1859 年 8 月 14 日，政变

1859—1863 年，何塞·马丽亚·蒙特亚莱格雷·费尔南德斯担任总统

1863—1866 年，赫苏斯·希门尼斯·萨莫拉担任总统

1866—1868 年，何塞·马丽亚·卡斯特罗·马德里斯担任总统

1868 年 11 月 1 日，政变

1868—1869 年，赫苏斯·希门尼斯·萨莫拉担任总统

1870—1876 年，托马斯·瓜迪亚·古铁雷斯担任总统

1870 年 4 月 27 日，政变

1876 年 7 月 30 日，政变

1877—1882 年，托马斯·瓜迪亚·古铁雷斯担任总统

1886—1890 年，普罗斯佩罗·费尔南德斯·奥雷亚穆诺担任总统

1890—1894 年，何塞·华金·罗德里格斯担任总统

1894—1902 年，拉斐尔·伊格莱西亚斯·卡斯特罗担任总统

1902—1906 年，阿斯森西翁·埃斯基韦尔·伊瓦拉担任总统

1906—1910 年，克莱托·冈萨雷斯·比克斯担任总统

1910—1914 年，里卡多·希门尼斯·奥雷亚穆诺担任总统

1914—1917 年，阿尔弗雷多·冈萨雷斯·弗洛雷斯担任总统

1917 年 1 月 27 日，政变

1917—1919 年，费德里科·蒂诺科·格拉纳多斯担任总统

1919—1923 年，胡里奥·阿科斯塔·加西亚担任总统

1923—1928 年，里卡多·希门尼斯·奥雷亚穆诺担任总统

1928—1932 年：克莱托·冈萨雷斯·比克斯担任总统

1931 年，哥斯达黎加共产党成立

1936—1940 年，里卡多·希门尼斯·奥雷亚穆诺担任总统

1940—1944 年，拉斐尔·安赫尔·卡尔德隆·瓜迪亚担任总统

1940 年，哥斯达黎加大学成立

1943 年，哥斯达黎加人民先锋党成立

1944—1948 年，特奥多罗·皮卡多担任总统

1948 年 3 月 12 日至 4 月 28 日，哥斯达黎加内战（又称为“48 战争”或“48 革命”）

第二共和国时期的哥斯达黎加（1948—2018）

1948 年 5 月—1949 年 11 月，哥斯达黎加第二共和国创立委员会在无议会状态下执政 18 个月（亦被视作何塞·菲格雷斯·费雷尔第一次执政）

1949 年，《1949 年宪法》颁布

1949—1953 年，奥蒂略·乌拉特·布兰科担任总统

1951 年，哥斯达黎加民族解放党成立

1953—1958 年，何塞·菲格雷斯·费雷尔担任总统(第二次执政)

1955 年，卡尔德龙派发动武装叛乱被菲格雷斯迅速镇压。

1957 年，《教育基本法》颁布

1958—1962 年，马里奥·埃昌迪·希门内斯担任总统

1959 年，《工业发展和保护法》和《经济支持法》颁布

1961 年，哥斯达黎加自由运动党成立

1962—1966 年，弗朗西斯科·奥尔利奇·博尔马西奇担任总统

1962 年，哥斯达黎加加入中美洲共同市场

1962 年，哥斯达黎加签署《国际咖啡协定》

1966—1970 年，何塞·华金·特雷霍斯·费尔南德斯担任总统

1969 年，总统任期修宪案获得通过，从 1970 年开始，哥斯达黎加禁止总统连任。

1970 年，《4—3 法》颁布

1970—1974 年，何塞·菲格雷斯·费雷尔担任总统(第三次执政)

1971 年，哥斯达黎加理工学院成立

1972 年，哥斯达黎加发展公司成立

1973 年，哥斯达黎加国立大学成立

1974 年，哥斯达黎加加入香蕉输出国联盟。

1974—1978 年，丹尼尔·奥杜韦尔·基罗斯担任总统

1977 年，哥斯达黎加国立远程教育大学成立

1978—1982 年，罗德里戈·卡拉索·奥迪奥担任总统

1980 年，经济危机爆发

1982—1986 年，路易斯·蒙赫·阿尔瓦雷斯担任总统

1982 年，“国家紧急计划”出台

1983 年，基督教社会团结党成立

1983 年 11 月 17 日，哥斯达黎加正式宣布成为永久中立国

1984 年，《货币法》颁布

1985 年，第一个“结构调整计划”出台

1986—1990 年，奥斯卡·阿里亚斯·桑切斯担任总统(第一次执政)

1987 年，哥斯达黎加总统阿里亚斯获得了当年的诺贝尔和平奖，旨在表彰其为了解决中美洲危机做出的重大贡献，包括提出和平协议以及在中美洲诸国斡旋。

1989 年，第二个“结构调整计划”出台

1990—1994 年，拉斐尔·安赫尔·卡尔德隆·福涅尔担

任总统

1993年,哥斯达黎加与墨西哥签订自贸协定

1994—1998年,何塞·马利亚·菲格雷斯担任总统

1995年,哥斯达黎加民族解放党和基督教社会团结党签订了“菲格雷斯—卡尔德龙协议”

1995年,第三个“结构调整计划”出台

1998—2002年,米格尔·安赫尔·罗德里格斯担任总统

2000年,哥斯达黎加公民行动党成立

2002年,哥斯达黎加和加拿大、智利签订自贸协定

2002—2006年,阿韦尔·帕切科·德拉埃斯彼尔亚担任总统

2004年,哥斯达黎加签署《美国—中美洲—多米尼加自由贸易协定》

2006—2010年,奥斯卡·阿里亚斯·桑切斯(第二次执政)

2007年,哥斯达黎加第一次通过全民公决的方式同意《美国—中美洲—多米尼加自由贸易协定》正式生效

2007年,哥斯达黎加和中国正式建交

2009年,“盾牌计划”出台

2010—2014年,劳拉·钦奇利亚·米兰达担任总统,哥斯达黎加共和国历史上第一位女总统

2010年,哥斯达黎加签署《中美洲—欧盟自由贸易协

定》

2010年，哥斯达黎加和中国、新加坡签订自贸协定

2011年，哥斯达黎加和秘鲁签订自贸协定

2014—2018年，路易斯·吉列尔莫·索利斯担任总统

2016年，哥斯达黎加和哥伦比亚签订自贸协定

2018年至今：卡洛斯·阿尔瓦拉多·克萨达担任总统

2019年，哥斯达黎加和韩国签订自贸协定

参考文献

中文文献

1. [哥]弗朗西斯科·甘博亚.哥斯达黎加[M].南开大学历史系,译.天津:天津人民出版社,1974.

2. [美]林恩·福斯特.中美洲史[M].张森根等,译.北京:中国大百科全书出版社,2011.

3. 苏振兴.国际形势黄皮书:拉丁美洲和加勒比发展报告(2007~2008)[M].北京:社会科学文献出版社,2008.

4. 杨志敏,方旭飞.列国志洪都拉斯 哥斯达黎加[M].北京:社会科学文献出版社, 2011.

5. 吴白乙. 拉美黄皮书:拉丁美洲和加勒比发展报告(2010—2011)[M].北京:社会科学文献出版社,2011.

6. 吴白乙. 拉美黄皮书:拉丁美洲和加勒比发展报告(2011—2012)[M].北京:社会科学文献出版社,2012.

7. 吴白乙. 拉美黄皮书:拉丁美洲和加勒比发展报告(2012—2013)[M].北京:社会科学文献出版社,2013.

8. 吴白乙. 拉美黄皮书:拉丁美洲和加勒比发展报告(2013—2014)[M].北京:社会科学文献出版社,2014.

9. 吴白乙. 拉美黄皮书：拉丁美洲和加勒比发展报告(2014—2015)[M].北京:社会科学文献出版社,2015.

10. 吴白乙.拉美黄皮书:拉丁美洲和加勒比发展报告(2015—2016)[M].北京:社会科学文献出版社,2016.

11. 袁东振.拉美黄皮书:拉丁美洲和加勒比发展报告(2016—2017)[M].北京:社会科学文献出版社,2017.

12. 袁东振.拉美黄皮书:拉丁美洲和加勒比发展报告(2017—2018)[M].北京:社会科学文献出版社,2018.

外文文献

1. Acuña Ortega, Víctor Hugo y Jiménez, Iván Molina, *El desarrollo económico y social de Costa Rica: de la Colonia a la crisis de 1930*, San José: Editorial Alma Máter ,1986.

2. Acuña Ortega, Víctor Hugo y Jiménez, Iván Molina, *Historia económica y social de Costa Rica (1870–1950)*, San José: Editorial Porvenir, 1991.

3. Brignoli, Héctor Pérez, *Breve historia contemporánea de Costa Rica*, México: Fondo de Cultura Económica, 1997.

4. Brignoli, Héctor Pérez, *Breve historia de*

Centroamérica, Tercera edición, Madrid: Alianza Editorial, 2018.

5. Calvo, Joaquín Bernardo, *La Campaña Nacional contra los Filibusteros en 1856 y 1857: Breve Reseña Histórica*, San José: Editorial de la Universidad de Costa Rica, 2006.

6. Gispert, Carlos, ed. *Enciclopedia de Costa Rica 2*, San José: Editorial Océano, 2002.

7. Guardia, Ricardo Fernández, *Historia de Costa Rica: el descubrimiento y la conquista*, San José: Librería Lehmann & CIA, 1941.

8. Hogan, Rubén Yglesias, *Nuestros aborigenes: apuntes sobre la población precolombina de Costa Rica*, San José: Editorial Trejos Hermanos, 1942.

9. Lic. Don León Fernández, *Colección de Documentos para la Historia de Costa Rica*, Tomo I., San José: Imprenta Nacional, 1881.

10. Molina, Felipe, *Bosquejo de la República de Costa Rica seguido de apuntamientos para su historia con varios mapas vistas y retratos*, Nueva York: Imprenta de S. W. Benedict, 1851.

11. Palmer, Steven and Molina, Iván, *The Costa Rica*

Reader: History, Culture, Politics. Durham and London: Duke University Press, 2004.

12. Palmer, Steven and Molina, Iván, *The History of Costa Rica: Brief, Up -to -date and Illustrated*, San José: Editorial de la Universidad de Costa Rica, 1998.

13. Rankin, Monica A. , *The History of Costa Rica*, California: GREENWOOD, 2012.

14. Romero Pérez, Jorge Enrique, *Contribución a la historia de los partidos políticos en Costa Rica: el Partido Acción Demócrata, Revista de Ciencias Jurídicas*, NO. 140, Mayo–Agosto 2016: 128.

15. Sobrado, Botey y María, Ana, Costa *Rica: desde las sociedades autóctonas hasta 1914*, San José: Editorial de la Universidad de Costa Rica, 2002.

16. NU. CEPAL, *Balance Preliminar de las Economías de Américas Latinas y el Caribe 2006*, Santiago, 2006:95–96.

17. NU. CEPAL, *Balance Preliminar de las Economías de Américas Latinas y el Caribe 2007*, Santiago, 2007:107–109.

18. NU. CEPAL, *Balance Preliminar de las Economías de Américas Latinas y el Caribe 2008, Santiago*, 2008: 111–

112.

19. NU. CEPAL, *Balance Preliminar de las Economías de Américas Latinas y el Caribe 2009*, Santiago, 2009: 111–113.

20. NU. CEPAL, *Balance Preliminar de las Economías de Américas Latinas y el Caribe 2010*, Santiago, 2010: 99–101.

21. NU. CEPAL, *Balance Preliminar de las Economías de Américas Latinas y el Caribe 2011*, Santiago, 2011: 107–109.

22. NU. CEPAL, *Balance Preliminar de las Economías de Américas Latinas y el Caribe 2012*, Santiago, 2012.

23. NU. CEPAL, *Balance Preliminar de las Economías de Américas Latinas y el Caribe 2013*, Santiago, 2013.

24. NU. CEPAL, *Balance Preliminar de las Economías de Américas Latinas y el Caribe 2014*, Santiago, 2014.

25. NU. CEPAL, *Balance Preliminar de las Economías de Américas Latinas y el Caribe 2015*, Santiago, 2015.

26. NU. CEPAL, *Balance Preliminar de las Economías de Américas Latinas y el Caribe 2016*, Santiago, 2016.

27. NU. CEPAL, *Balance Preliminar de las Economías*

de Américas Latinas y el Caribe 2017, Santiago, 2018.

28. NU. CEPAL, *Balance Preliminar de las Economías de Américas Latinas y el Caribe 2018*, Santiago, 2019.

1. http://americo.usal.es/.
2. http://www.cnp.go.cr/CNP/historia.html.
3. http://www.icafe.cr/.
4. http://www.incofer.go.cr/.
5. http://www.inec.go.cr/
6. http://www.nacion.com/.
7. http://www.unidad.cr/un/.
8. https://elespiritudel48.org/.
9. https://es.metapedia.org/wiki/Movimiento_Costa_Rica_Libre.
10. https://es.wikipedia.org/wiki/Historia_de_Costa_Rica.
11. https://es.wikipedia.org/wiki/Mercado_Común_Centro-americano.
12. https://oscararias.cr/sitioweb/2006-2010/.
13. https://pac.cr/.
14. https://presidencia.go.cr/.
15. https://www.bccr.fi.cr.

16. https://www.cidob.org/.

17. https://www.elmundo.cr/.

18. https://www.elnuevodiario.com.ni/.

19. https://www.fmprc.gov.cn/web/gjhdq_676201/gj_676203/bmz_679954/1206_680228/1206x0_680230/

20. https://www.grupoice.com/wps/portal/ICE/acercadelgrupoice/quienes-somos/historia-del-ice.

21. https://www.larepublica.net/.

22. https://www.laurachinchilla.com.

23. https://www.plncr.org/.

24. https://www.plncr.org/resena-historica.

25. https://www.semana.com/.

26. https://www.una.ac.cr/.